新能源汽车故障诊断与检测技术

主　编　田介春　黄　伟
副主编　王　瑛
参　编　祁增轲　王芳兰
主　审　李富香

电子工业出版社
Publishing House of Electronics Industry
北京·BEIJING

内 容 简 介

本书详细讲解了新能源汽车的检查与维护、纯电动汽车结构的认知、纯电动汽车无钥匙进入系统、车辆无法上电故障诊断与排除、高压互锁故障诊断与排除、车辆无法充电故障诊断与排除、车辆无法行驶故障诊断与排除、空调系统故障诊断与排除。

本书通过对典型案例和典型电路的分析，以图表和易于理解的文字，将复杂的理论知识生动地呈现出来，使学习过程既直观又高效。无论是高职高专汽车专业的学生，还是从事相关行业的工作者，都能从中获益匪浅，掌握新能源汽车故障诊断与检修的技巧。

未经许可，不得以任何方式复制或抄袭本书之部分或全部内容。

版权所有，侵权必究。

图书在版编目（CIP）数据

新能源汽车故障诊断与检测技术 / 田介春，黄伟主编. -- 北京：电子工业出版社, 2024. 11. -- ISBN 978-7-121-49248-8

Ⅰ. U469.707

中国国家版本馆 CIP 数据核字第 2024L63Y75 号

责任编辑：扈　婕
印　　刷：中国电影出版社印刷厂
装　　订：中国电影出版社印刷厂
出版发行：电子工业出版社
　　　　　北京市海淀区万寿路 173 信箱　邮编：100036
开　　本：787×1092　1/16　印张：12.75　字数：310 千字
版　　次：2024 年 11 月第 1 版
印　　次：2024 年 11 月第 1 次印刷
定　　价：49.00 元

凡所购买电子工业出版社图书有缺损问题，请向购买书店调换。若书店售缺，请与本社发行部联系，联系及邮购电话：（010）88254888，88258888。

质量投诉请发邮件至 zlts@phei.com.cn，盗版侵权举报请发邮件至 dbqq@phei.com.cn。

本书咨询联系方式：qiyuqin@phei.com.cn。

编委会

田介春（主　编）	青海职业技术大学/实训中心副主任
黄　伟（主　编）	青海职业技术大学/新能源汽车检测与维修技术教研室主任
王　瑛（副主编）	青海职业技术大学教师
祁增轲	青海职业技术大学教师
王芳兰	青海职业技术大学教师
王克银	青海西宁理想汽车4S店技术经理
黄立权	深圳风向标汽车设备发展有限公司技术经理
李富香（主　审）	青海职业技术大学/交通运输学院院长

前　　言

随着全球能源危机加剧和环境污染问题日益严重，新能源汽车作为一种清洁、高效、可持续的交通工具，正逐渐成为世界各国政府和企业关注的焦点。新能源汽车的普及和发展，对于缓解能源压力、减少环境污染具有重要意义。

然而，新能源汽车的快速发展也带来了一系列技术和服务方面的挑战，尤其是在故障诊断与检测领域。由于新能源汽车的动力系统、电池管理系统、充电设备等与传统燃油车有很大差异，因此对其故障诊断与检测技术有了更高的要求。为了更好地满足新能源汽车维修市场的需求，培养具备专业技能的维修人才，我们编写了这本《新能源汽车故障诊断与检测技术》教材。

本书以就业为导向，通过"任务驱动""教学做一体化"的教学模式，注重实用性和可操作性。通过模拟职业岗位情景，设计典型任务，让学生在职业工作情景中学习业务知识和进行操作训练，增强课程内容与职业岗位能力要求的相关性，提高学生的职业能力。

本书以新能源汽车故障诊断与检测为主线，全面介绍了新能源汽车的检查与维护、新能源汽车的基本原理、结构特点、故障类型及诊断方法。本书包括车辆无法进入故障诊断与排除、车辆无法上电故障诊断与排除、高压互锁故障诊断与排除、车辆无法充电故障诊断与排除、车辆无法行驶故障诊断与排除、空调系统故障诊断与排除等模块。通过本书的学习，读者将会掌握新能源汽车故障诊断与检测的基本原理、方法和技巧，为今后从事新能源汽车维修工作打下坚实的基础。

本书力求做到内容全面、结构清晰、实用性强。同时，也注重将理论知识与实际操作相结合，通过大量的案例分析和实践操作，帮助读者更好地理解和掌握新能源汽车故障诊断与检测技术。本书可作为高职高专汽车类的相关专业教材，也可作为汽车高级维修工的培训教材。

本书由青海职业技术大学田介春和黄伟担任主编，李富香担任主审。参加编写工作的有青海职业技术大学王芳兰（编写项目一）、王瑛（编写项目二）、黄伟（编写项目三和项目五）、田介春（编写项目四、项目六和项目八）、祁增轲（编写项目七）。特邀青海西宁理想汽车4S店技术经理王克银、深圳风向标汽车设备发展有限公司技术经理黄立权参加编写与指导。在编写本书的过程中得到了有关领导和老师的大力支持，在此表示诚挚的感谢。

由于时间仓促，加之编者水平有限，书中难免存在不足之处，恳请读者给予批评指正。

编　者

目　　录

项目一　新能源汽车的检查与维护 1
　　1.1　高压安全防护与高压上下电操作 2
　　1.2　新能源汽车动力蓄电池系统的检查与维护 6
　　1.3　新能源汽车驱动系统的检查与维护 10
　　1.4　新能源汽车充电系统的检查与维护 15

项目二　纯电动汽车结构的认知 20
　　2.1　了解纯电动汽车结构 20
　　2.2　比亚迪秦EV车载网络系统 25
　　2.3　比亚迪秦EV高压系统 29
　　2.4　汽车故障诊断仪的使用 43
　　2.5　示波器的使用 49

项目三　纯电动汽车无钥匙进入系统 53
　　3.1　智能钥匙系统介绍 54
　　3.2　比亚迪秦EV电动汽车无钥匙进入系统 55
　　3.3　比亚迪秦EV电动汽车低压上电的控制策略 58
　　3.4　比亚迪秦EV无钥匙故障检修（一）电源故障 59
　　3.5　比亚迪秦EV无钥匙故障检修（二）室内天线故障 61
　　3.6　比亚迪秦EV无钥匙故障检修（三）通信故障 63
　　3.7　比亚迪秦EV电动汽车一键启动开关控制线路故障诊断 64
　　3.8　比亚迪秦EV电动汽车制动开关控制线路故障诊断 66

项目四　车辆无法上电故障诊断与排除 68
　　4.1　新能源汽车低压电源系统的认识 69
　　4.2　比亚迪秦EV低压上电原理 76
　　4.3　比亚迪秦EV低压无法上电故障检修（一） 80
　　4.4　比亚迪秦EV低压无法上电故障检修（二） 83
　　4.5　比亚迪秦EV低压无法上电故障检修（三） 87
　　4.6　比亚迪秦EV高压上下电控制策略 91
　　4.7　比亚迪秦EV高压无法上电故障检测（一） 96
　　4.8　比亚迪秦EV高压无法上电故障检测（二） 100
　　4.9　比亚迪秦EV高压无法上电故障检测（三） 102

4.10　比亚迪秦EV高压无法上电故障检测（四） ………………………………… 106
　　4.11　比亚迪秦EV高压无法上电故障检测（五） ………………………………… 109

项目五　高压互锁故障诊断与排除 ……………………………………………… 113
　　5.1　高压互锁的功用与工作原理 ………………………………………………… 113
　　5.2　高压互锁的控制策略 ………………………………………………………… 116
　　5.3　比亚迪秦EV高压互锁故障检修 ……………………………………………… 118

项目六　车辆无法充电故障诊断与排除 …………………………………………… 120
　　6.1　电动汽车充电系统概述 ……………………………………………………… 121
　　6.2　交流慢充的组成与工作原理 ………………………………………………… 125
　　6.3　比亚迪秦EV充电系统故障检修（一） ……………………………………… 129
　　6.4　比亚迪秦EV充电系统故障检修（二） ……………………………………… 133

项目七　车辆无法行驶故障诊断与排除 …………………………………………… 137
　　7.1　驱动电机系统的认知 ………………………………………………………… 138
　　7.2　电机控制器的结构与工作原理 ……………………………………………… 142
　　7.3　驱动电机系统温度传感器的检测 …………………………………………… 148
　　7.4　驱动电机旋转变压器的检测 ………………………………………………… 154
　　7.5　驱动电机系统常见故障诊断与检测方法 …………………………………… 159
　　7.6　车辆无法行驶故障检测（一） ……………………………………………… 163
　　7.7　车辆无法行驶故障检测（二） ……………………………………………… 167
　　7.8　车辆无法行驶故障检测（三） ……………………………………………… 171

项目八　空调系统故障诊断与排除 ………………………………………………… 179
　　8.1　比亚迪秦EV空调控制器电源电路故障检测 ………………………………… 180
　　8.2　空调控制器V-CAN总线故障检测 …………………………………………… 184
　　8.3　电池热管理水泵故障检测 …………………………………………………… 187
　　8.4　加热水泵高速运转故障检测 ………………………………………………… 192

参考文献 …………………………………………………………………………………… 197

项目一 新能源汽车的检查与维护

项目概述

为使驾驶员能安心驾驶汽车,最重要的是要进行定期检查和保养,更换必要的零部件,以延长车辆的使用寿命。新能源汽车除"三电"系统外,其他部分与传统汽车极为相似。无论是纯电动汽车还是油电混合动力汽车,它们都有自己的保养规范,及时掌握车辆使用性能、保养周期及保养内容,严格按照保养手册规范要求呵护自己的爱车,将大大延长车辆的使用寿命,减少不必要的维修费用。对于电动汽车来说,定期保养可以节省电量、延长车辆使用寿命,让车辆始终处在安全稳定状态。

本项目包含了4个基本学习任务,即高压安全防护与高压上下电操作、新能源汽车动力蓄电池系统的检查与维护、新能源汽车驱动系统的检查与维护、新能源汽车充电系统的检查与维护。

通过本项目的学习,你要在知识、技能、行为习惯等方面达到下表的相关要求。

序号	学习内容(知识、技能、行为习惯、职业素养)	评价标准			
		了解知道	理解掌握	指导下操作	独立操作
1	安全规范的操作				√
2	实训室、学习环境整洁有序				√
3	团队合作学习、积极思考				√
4	工具的正确选择和使用				√
5	熟悉高压安全防护与高压上下电操作			√	
6	掌握新能源汽车动力电池系统的检查与维护			√	
7	掌握新能源汽车驱动系统的检查与维护			√	
8	掌握新能源汽车充电系统的检查与维护			√	
9	熟练掌握零部件拆装后的正确放置、分类				√

1.1　高压安全防护与高压上下电操作

【学习目标】

※　**知识目标**

1. 掌握高压安全防护操作规范。
2. 熟悉新能源汽车高压上下电操作。

※　**能力目标**

1. 具备安全操作基本常识。
2. 知道零部件拆装后的正确放置、分类及维护。

※　**素质目标**

1. 树立安全第一的思想，注意个人安全、他人安全、设备安全。
2. 保持作业环境卫生，设备、设施干净整洁。
3. 具有安全规范操作意识，遇事临危不惧，遵守各项实训安全规定。

【知识链接】

一、高压安全防护

1. 高压安全防护的重要性

（1）特殊的车辆需要特别规定操作程序。
（2）新能源汽车具有高电压的潜在危险。
（3）在维修新能源汽车时，如果采用不适当的方法或疏忽对待将会造成严重电击或身体伤害。
（4）强碱性/酸性电池电解液对人体具有危害性。
（5）谨记所有橙色电缆均是高电压器件。
（6）认真执行高压安全操作程序，将风险降到最低。

2. 高压操作的安全防护用具

下图所示的是我们常用的安全防护用具，在作业的时候我们要严格按照流程操作，做好以下4项工作。

（1）戴好绝缘手套。
（2）穿戴绝缘防护服。

（3）佩戴护目镜、安全帽及穿戴绝缘靴。

（4）高压系统操作要严格使用高压绝缘工具和仪器。

安全防护用具

3. 高压系统操作的安全规范

在检查或维修高压系统时，要遵循以下安全措施。

（1）关掉点火开关，将钥匙移出智能系统探测范围。

（2）断开辅助电池负极端子。

（3）确认绝缘手套的安全，即在使用绝缘手套前，确认是否有裂纹、磨损及其他损伤。

（4）拆除维修塞（维修开关）。

（5）等待10分钟或更长的时间以完成变频器总成高压电容放电。

（6）测量高压系统（变频器端子）电压并确认是0V。

（7）用绝缘乙烯胶带包裹被断开的高压线路连接器。

二、高压上下电控制

高压上下电控制是指根据驾驶员对行车钥匙开关的控制，进行动力蓄电池的高压接触器开关控制，以完成高压设备的电源通断和预充电控制。

上下电流程处理是指协调各相关部件的上电与下电流程，包括电机控制器、电池管理系统等部件的供电，预充电继电器、主继电器的吸合和断开等。动力蓄电池低压上电图和低压下电图如下图所示。

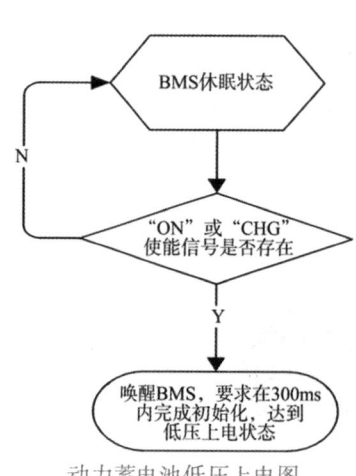

动力蓄电池低压上电图

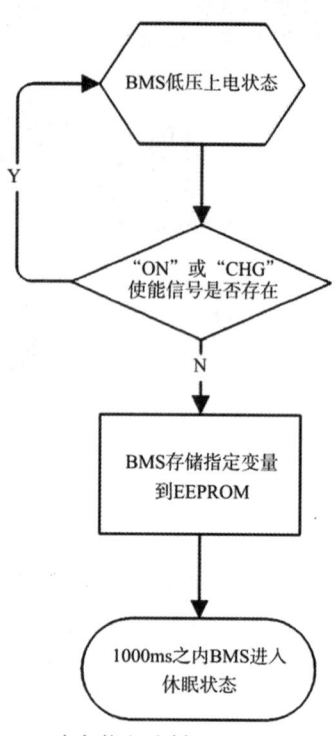

动力蓄电池低压下电图

三、高压上下电操作

1. 高压上电

根据钥匙位置代表的电源模式信号，如果钥匙位置处于"Start"位置，VCU（Vehicle Control Unit）则会控制进行高压上电，并继续进入"Ready"状态；如果钥匙位置仅仅处于"ON"位置，VCU则会控制进行高压上电，上电完成后保持上电状态，等待驾驶员操作。

钥匙位置发送相应的电源模式信号传送到VCU，VCU根据该信号对驾驶员操作及各控制器反馈的状态进行协调和管理，并控制各高压电池继电器闭合，完成车辆高压上电并进入"Ready"状态。

在BMS通信三级故障、高压电池主负继电器粘连故障和接收到碰撞信号的情况下，VCU会主动控制高压电池主负继电器断开。在正常情况下，在VCU初始化完成后即控制高压电池主负继电器闭合，并且在下电完成、VCU休眠之前，控制高压电池主负继电器断开。

2. 高压下电

根据钥匙位置代表的电源模式信号，如果钥匙处于"OFF"位置，或者存在高压下电故障或者接收到紧急下电请求信号，VCU会根据该信号控制各控制器停止工作，之后VCU控制各高压电池继电器断开，完成车辆高压下电流程。

【实训操作】

一、实训准备

1. 工作场景：实训车间。
2. 工作器材：比亚迪秦PLUS整车、高压安全防护用具、工具车。

二、实训内容

1. 正确使用高压安全防护用具。
2. 在实训车辆上安全规范地进行高压上下电操作。

【学习评价表】

评价内容	配分	序号	具体指标	分值	得分 自评	得分 组评	得分 师评
作业准备	15	1	防护服、绝缘手套等高压安全防护用具的正确穿戴	5			
		2	了解新能源汽车的类型与原理	5			
		3	准备好所需的工具、仪器并确保能正常使用	5			
工作安全	25	4	不违章作业	5			
		5	遵守作业程序	5			
		6	无人员受伤或设备损伤	5			
		7	遵守工作制度	5			
		8	发现问题及时报告	5			
工作过程	35	9	正确使用高压安全防护用具	15			
		10	能够规范操作高压上下电	20			
职业素养	25	11	遵守规章制度	5			
		12	作业规范	5			
		13	流程正确	5			
		14	结果分析正确	5			
		15	工作效率高	5			
综合得分				100			

1.2　新能源汽车动力蓄电池系统的检查与维护

【学习目标】

✱ **知识目标**

1. 熟悉动力蓄电池的安装位置。
2. 掌握动力蓄电池的结构及工作原理。

✱ **能力目标**

1. 具备安全操作基本常识。
2. 能够对动力蓄电池进行基本的检查、检测与维护。

✱ **素质目标**

1. 树立安全第一的思想，注意个人安全、他人安全、设备安全。
2. 掌握新能源汽车高压安全防护用具的规范使用和防护措施。
3. 严格执行车间7S管理规范。

【知识链接】

一、动力蓄电池的安装位置与结构原理

1. 动力蓄电池的安装位置

新能源汽车动力蓄电池总成安装在汽车底盘位置，使整车重量分布均衡，重心降低。

动力蓄电池的安装位置

2. 动力蓄电池的结构原理

动力蓄电池是电池中的一种,为车辆提供动力来源。根据汽车种类的不同,动力源也不尽相同,在传统燃油汽车或燃料电池汽车中,蓄电池既可扮演汽车动力源的角色,也可充当辅助动力源的角色,而纯电动汽车的动力蓄电池是其唯一的动力源。

动力蓄电池具有安全性高、寿命长、性能优的特点。该电池一般由动力蓄电池模组、总正高压电器盒(主正继电器、预充继电器、预充电阻和电器盒插件)、总负高压电器盒(主负继电器、加热继电器、加热熔断器和电器盒插件)、BMS(Battery Management System,电池管理系统)、电流传感器、高压铜排连接线、低压线束、热管理组件、铭牌及编码、电池箱及防护结构等部件构成。下图为总正高压电器盒和总负高压电器盒的实物图,以及动力蓄电池铭牌。

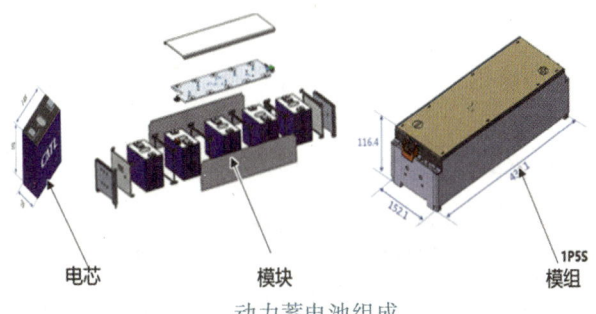

动力蓄电池组成

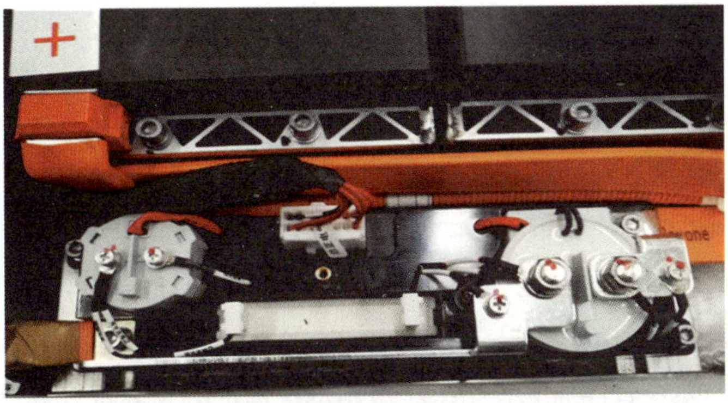

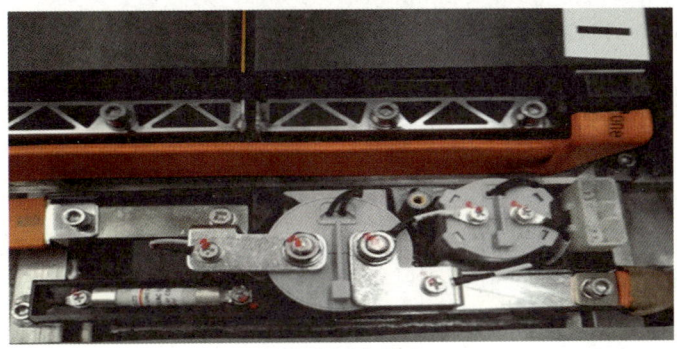

总正高压电器盒

总负高压电器盒

动力蓄电池铭牌

二、动力蓄电池的基本检查

只有定期对车辆动力蓄电池进行常规的基本检查,才能确保人身安全,进行基本检查的主要内容有以下4个方面。

1. 检查动力蓄电池外观(有无破损、查找动力蓄电池铭牌及编码位置等)。
2. 检查高压线束固定螺栓和高低压线束插件及线束。
3. 检查动力蓄电池通风口有无堵塞、固定螺栓是否松动等。
4. 认识动力蓄电池内部结构部件、相关线路布局、管路布局等。

三、动力蓄电池的检测

1. 动力蓄电池的密封性检测

动力蓄电池的密封性直接影响电池系统的工作安全及使用安全。为了提高电池的密封防水性能,需要对电池箱体的密封性进行测试。对动力蓄电池进行拆解并进行故障排查或更换维修部件后,需要进行密封性测试,以满足密封标准。

2. 动力蓄电池的均衡维护

动力蓄电池的不一致性通常是指一组电池内电池的剩余容量差异过大、电压差异过大,引起动力蓄电池的续航能力变差。故采用均衡维护的方法,对每个单体电池电压的实时检测和监控、充电或放电,维护其电芯稳定性,提高动力蓄电池的寿命和安全性。

【实训操作】

一、实训准备

1. 工作场景:实训车间。
2. 工作器材:比亚迪秦PLUS整车、高压安全防护用具、万用表、工具车。

二、实训内容

1. 正确使用高压安全防护用具。
2. 知道动力蓄电池的安装位置并记录相关参数。
3. 规范操作,完成动力蓄电池的基本检查和相关检测。

【学习评价表】

评价内容	配分	序号	具体指标	分值	得分 自评	组评	师评
作业准备	15	1	防护服、绝缘手套等高压安全防护用具的正确穿戴	5			
		2	了解动力蓄电池的结构及原理	5			
		3	准备好所需的工具、仪器并确保能正常使用	5			
工作安全	25	4	不违章作业	5			
		5	遵守作业程序	5			
		6	无人员受伤或设备损伤	5			
		7	遵守工作制度	5			
		8	发现问题及时报告	5			
工作过程	35	9	正确记录动力蓄电池的相关参数信息	10			
		10	完成动力蓄电池的基本检查和检测	25			
职业素养	25	11	遵守规章制度	5			
		12	作业规范	5			
		13	流程正确	5			
		14	结果分析正确	5			
		15	工作效率高	5			
综合得分				100			

1.3 新能源汽车驱动系统的检查与维护

【学习目标】

知识目标

1. 掌握驱动电机的作用、安装位置和性能要求。
2. 了解驱动电机的结构和工作原理。

能力目标

1. 具备安全操作基本常识。
2. 掌握检查和维护驱动电机的方法和注意事项。

素质目标

1. 要有安全规范操作意识，遇事临危不惧，遵守各项实训安全规定。
2. 保持作业环境卫生，设备、设施干净整洁。

【知识链接】

一、驱动电机的安装位置

电机控制器位于车辆前舱内，下图分别是驱动电机系统的实物外观图和电机控制器在车辆前舱内的位置展示。

驱动电机系统的实物外观图

项目一　新能源汽车的检查与维护

电机控制器位于车辆前舱内

二、驱动电机系统的功能

驱动电机系统主要由驱动电机与电机控制器构成,是车辆行驶的主要执行机构,直接影响车辆的动力性、经济性和舒适性。驱动电机系统的主要功能是实现电能与机械能的转换,一般有两种工作模式,即驱动模式和能量回收模式。

三、驱动电机系统的基本检查

1. 检查低压线束和高压三相线束。
2. 检查冷却水管是否卡接到位、水管是否老化。
3. 检查驱动电机与减速器之间的连接是否牢靠并检查螺栓力矩。
4. 检查驱动电机在空载状态下,手动转动是否顺畅,是否有卡滞、顿挫感。
5. 检查驱动电机与减速器油封处是否漏油,轴承是否存在异响。
6. 检查车辆运行过程中驱动电机是否有异响。
7. 检查温度传感器和速度传感器的参数是否正常,若有异常,应及时检修甚至更换部件。

四、驱动电机的检测

驱动电机系统(主要指驱动电机与电机控制器)在整车上拆下后,严禁进行单体拆解维修,但可通过相关检测对驱动电机系统工作性能进行诊断,最终确定该系统工作是否正常,一旦确定驱动电机系统故障,一般需更换总成。常规检测项目一般包括基本电量参数检测、电机性能检测、驱动电机部分部件(如定子绕组、旋转变压器、温度传感器等)的检测等。下图是驱动电机定子绕组的电阻测量示意图。

— 11 —

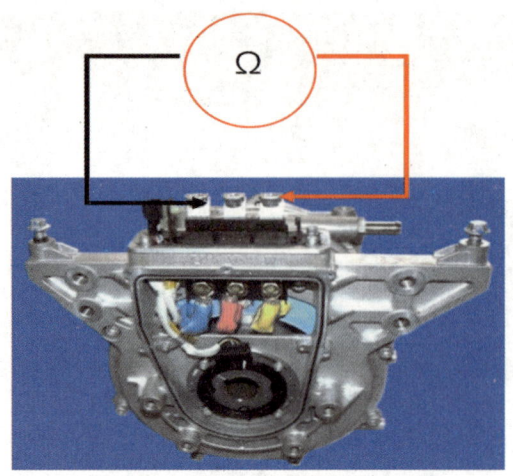

驱动电机定子绕组的电阻测量示意图

基本电量参数检测主要指对驱动电机的电压、电流、功率、频率和相位等参数进行检测，这些参数通常使用功率分析仪（或功率计）即可满足测量需求。功率分析仪测试方案简图如下图所示。

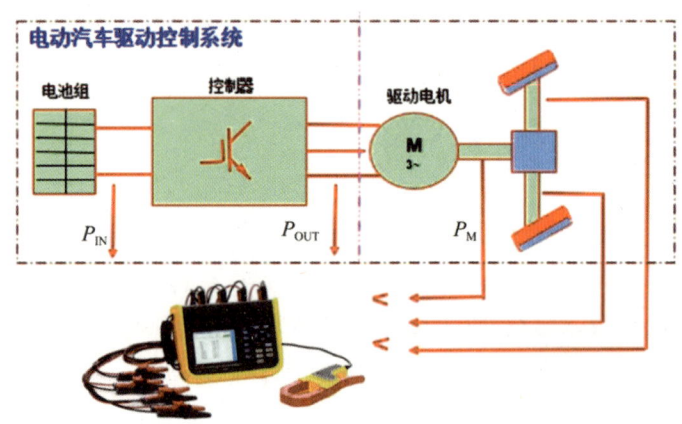

功率分析仪测试方案简图

五、驱动电机性能测试

驱动电机性能测试一般通过驱动电机综合性能测试仪完成，包括负载特性测试、T-n 曲线测试、耐久性测试等项目。

1. 负载特性测试

通过在不同负载情况下驱动电机特性的测试，收集效率、功率因数、转速、定子电流等参数，可以判断驱动电机在不同适用场合下是否能保持良好的运行状态。

2. T-n 曲线测试

T-n 是一种描绘驱动电机的转速、转矩关系的特性曲线。根据不同转速对应的转矩来判断电机的基本特性，直观地表现驱动电机的运行性能，更好地评估其运行状态。

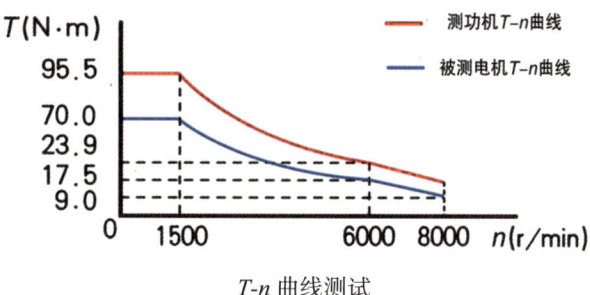

T-n 曲线测试

3. 驱动电机 U、V、W 相电流监测

电机控制器通过监测连接到各驱动电机三相的电流传感器，以便检测逆变器是否存在电流过大的故障。

4. 电机控制器高压绝缘检测

电机控制器测试高电压正极电路或高电压负极电路和车辆底盘之间是否存在失去隔离的情况，当检测到电机控制器或者相关电路在动力蓄电池输出高电压后，存在车辆底盘的电阻过低情况，系统会将这一情况反馈给整车控制器，并与整车控制器一起切断车辆的高电压，避免发生事故。

5. 电机控制器检测

电机控制器发生故障时，系统一般会存储相关故障码，可以利用诊断仪通过读取数据流的方式进行诊断。

驱动电机系统数据流

【实训操作】

一、实训准备

1. 工作场景：实训车间。
2. 工作器材：比亚迪秦PLUS整车、高压安全防护用具、万用表、诊断仪、工具车。

二、实训内容

1. 正确使用高压安全防护用具。
2. 知道驱动电机的安装位置并记录相关参数。
3. 规范操作，完成驱动电机的基本检查和相关检测。

【学习评价表】

评价内容	配分	序号	具体指标	分值	得分 自评	得分 组评	得分 师评
作业准备	15	1	防护服、绝缘手套等高压安全防护用具的正确穿戴	5			
		2	了解驱动电机的结构及原理	5			
		3	准备好所需的工具、仪器并确保能正常使用	5			
工作安全	25	4	不违章作业	5			
		5	遵守作业程序	5			
		6	无人员受伤或设备损伤	5			
		7	遵守工作制度	5			
		8	发现问题及时报告	5			
工作过程	35	9	正确记录驱动电机的相关参数信息	10			
		10	完成驱动电机的基本检查和检测	25			
职业素养	25	11	遵守规章制度	5			
		12	作业规范	5			
		13	流程正确	5			
		14	结果分析正确	5			
		15	工作效率高	5			
综合得分				100			

项目一 新能源汽车的检查与维护

1.4 新能源汽车充电系统的检查与维护

【学习目标】

✿ 知识目标

1. 掌握高压安全防护操作规范。
2. 熟悉新能源汽车充电系统的组成、分类及工作原理。

✿ 能力目标

1. 具备安全操作基本常识。
2. 能够对新能源汽车进行正确规范的充电操作。

✿ 素质目标

1. 树立安全第一的思想,注意个人安全、他人安全、设备安全。
2. 严格遵守车间7S管理。

【知识链接】

一、充电系统的组成

纯电动汽车有两种充电方式:直流充电和交流充电。

纯电动汽车充电系统的主要组成部分有交流充电口、直流充电口、车载充电机、DC-DC转换器和动力蓄电池包等。下图是纯电动汽车充电系统的结构图。

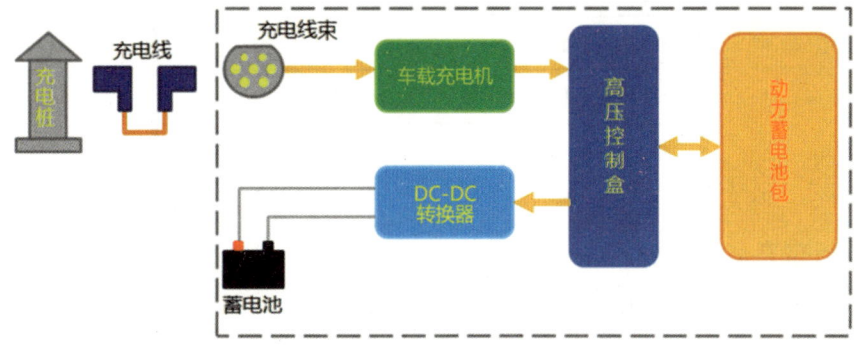

纯电动汽车充电系统的结构图

— 15 —

二、慢充系统

1. 慢充系统的工作原理

当用户将交流充电枪插入车辆交流充电插座时,判断车辆是否满足交流充电条件并与交流供电设备进行通信,通信完成后整车控制系统控制车载充电机为动力蓄电池进行充电。慢充结束时,退出充电。

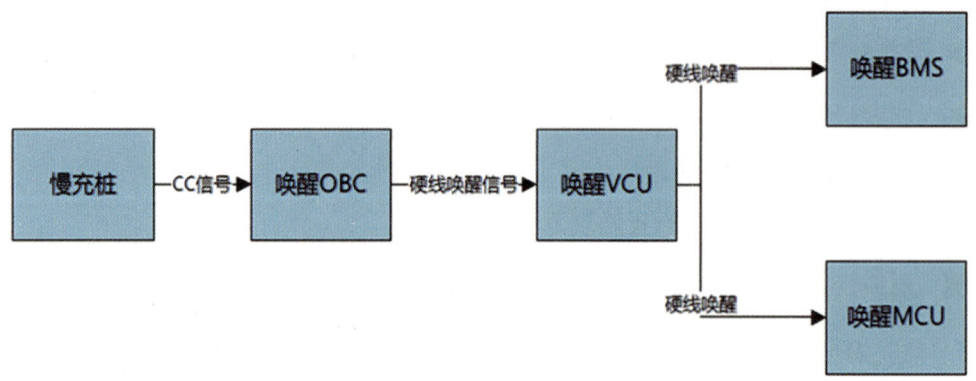

慢充唤醒原理

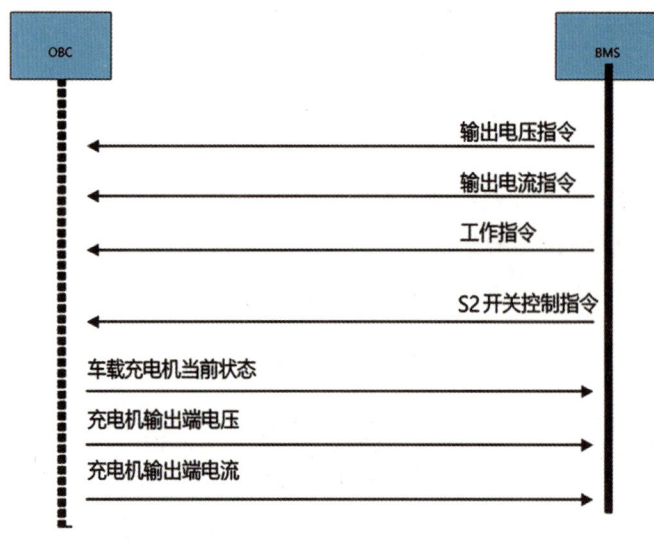

充电参数交互

2. EU5 慢充系统信号检测

为了保障慢充系统的正常工作,我们在常规维护工作中也要对其进行常规检测和故障排除,检测流程如下。

(1)停车入位,整车举升到位。
(2)确认蓄电池电压为正常电压。

（3）连接诊断仪，读取DTC。
（4）接下来根据检测到的故障码和故障范围依次排除故障。

三、快充系统

直流充电是国家标准的充电方式，其电气原理图、检测和控制要满足GB/T 18487.1—2023《电动汽车传导充电系统 第1部分：通用要求》要求。

直流充电的部件主要有直流充电插座（直流充电插座线束）、车辆控制器（VCU、BMS）和直流充电桩等。如下图所示，直流充电的部件连接地面充电设备给电动汽车的动力蓄电池进行直流充电。

直流充电的部件连接示意图

快充功能主要涉及的设备有非车载充电机（快充桩）、快充枪、车端快充座和电动汽车。

电动汽车快充系统的工作原理如下图所示：当快充桩与电动汽车可靠连接后，低压继电器闭合，快充桩唤醒整车控制器VCU，两者握手成功之后进行匹配，开始进入充电阶段，充电结束后，断开相应的继电器。

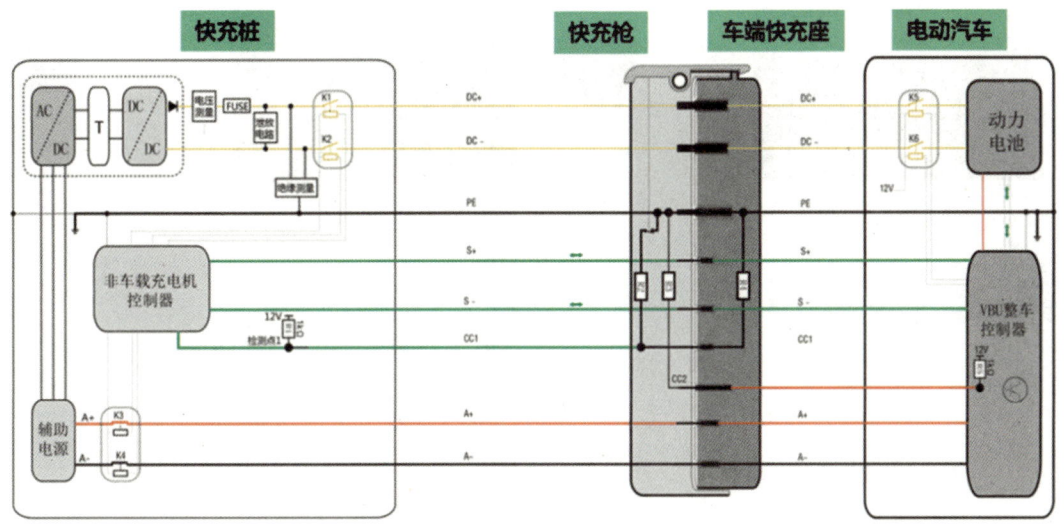

电动汽车快充系统的工作原理

为了实现快充功能，整车必须唤醒的控制器有VCU、BMS和MCU，快充桩通过硬线信号唤醒VCU，随后VCU通过硬线信号唤醒BMS及MCU，并引导整车高压上电。

车辆被唤醒后，与快充桩互相发送握手报文（见下图）：快充桩发送CHM（充电机通信协议版本号）；车辆VBU发送BHM（最高允许充电电压）；快充桩根据车辆最高允许充电电压进行绝缘监测，合格后进行高压回路电压泄放；快充桩发送CRM-0X00主动握手；车辆发送BRM（电池信息）；快充桩发送CRM-0XAA握手成功。

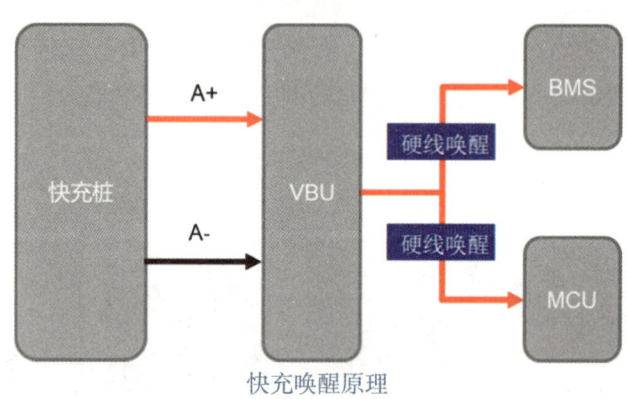

快充唤醒原理

EU5快充系统信号检测，具体操作流程如下。

（1）停车到作业工位。

（2）确认蓄电池电压为正常电压。

（3）进行快充系统数据测试。

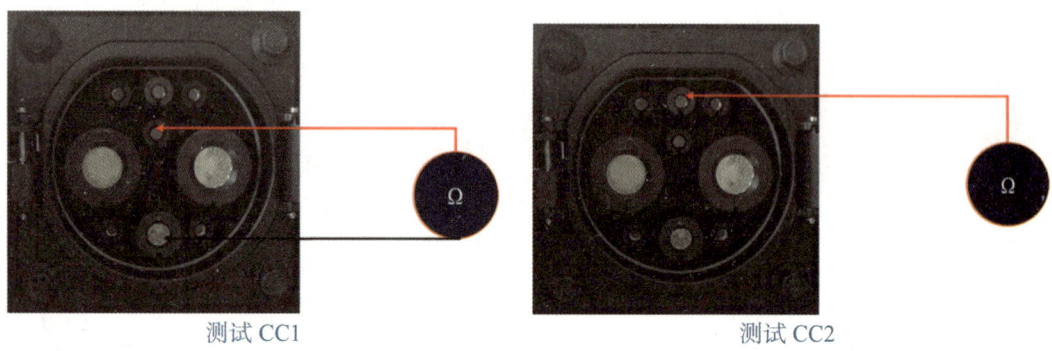

测试CC1　　　　　　　　　　　　测试CC2

【实训操作】

一、实训准备

1. 工作场景：实训车间。
2. 工作器材：比亚迪秦PLUS整车、高压安全防护用具、充电桩、工具车。

二、实训内容

1. 正确使用高压安全防护用具。
2. 知道充电系统的工作原理及方法。
3. 规范操作对车辆进行充电。

【学习评价表】

评价内容	配分	序号	具体指标	分值	得分 自评	得分 组评	得分 师评
作业准备	15	1	防护服、绝缘手套等高压安全防护用具的正确穿戴	5			
		2	了解充电系统的组成及原理	5			
		3	准备好所需的工具、仪器并确保能正常使用	5			
工作安全	25	4	不违章作业	5			
		5	遵守作业程序	5			
		6	无人员受伤或设备损伤	5			
		7	遵守工作制度	5			
		8	发现问题及时报告	5			
工作过程	35	9	熟悉充电系统的分类及其方法	15			
		10	正确操作完成车辆的充电	20			
职业素养	25	11	遵守规章制度	5			
		12	作业规范	5			
		13	流程正确	5			
		14	结果分析正确	5			
		15	工作效率高	5			
综合得分				100			

项目二 纯电动汽车结构的认知

2.1 了解纯电动汽车结构

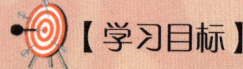【学习目标】

知识目标

1. 熟悉纯电动汽车的基本构造、名称和结构特点。
2. 掌握纯电动汽车各个组成部分的名称和结构特点。

能力目标

1. 能够认识纯电动汽车的零件。
2. 区分纯电动汽车和传统燃油汽车的结构。
3. 掌握纯电动汽车的工作原理。

素质目标

1. 树立安全第一的思想,注意个人安全、他人安全、设备安全。
2. 保持作业环境卫生,设备、设施干净整洁。
3. 具有安全规范操作意识,遇事临危不惧,遵守各项实习安全规定。

【知识链接】

纯电动汽车相比燃油汽车而言,主要差别体现在四大部件上,即驱动电机、调速控制器、动力电池和车载充电机。纯电动汽车的品质差异取决于这四大部件,其价格高低也取决于这四大部件的品质,纯电动汽车的用途与四大部件的选用配置直接相关。

1. 纯电动汽车的基本组成

纯电动汽车由动力系统、底盘、车身和电气设备4个部分组成。

(1) 动力系统。

动力系统包括动力电池、驱动电机、冷却系统等。

项目二　纯电动汽车结构的认知

纯电动汽车的组成

根据对汽车整体的基本感知，从汽车用户的角度考虑往往会有另一种划分，即纯电动汽车的基本组成划分为电池组及其管理系统、电动机、发电机和控制系统、底盘、车身、辅助电器这几个部分，这也是一种可取且合理的划分方式，不过这里还是参照前面的划分方式，具体来看动力系统的组成部分。

① 动力电池。根据数量的多少，动力电池还可以进一步细分如下。

单体电池：也称为电池单元，是构成动力电池的最小单元，一般由正极、负极、电解质及外壳等构成，即常说的一节电池。

电池单元组：由几个单体电池并联在一起构成。其电压与单体电池相同，但容量为并联单体电池数之和。

电池模块：由单体电池串联、单体电池与电池单元组串联和电池单元组串联构成。

动力电池组：由几个电池模块串联构成。

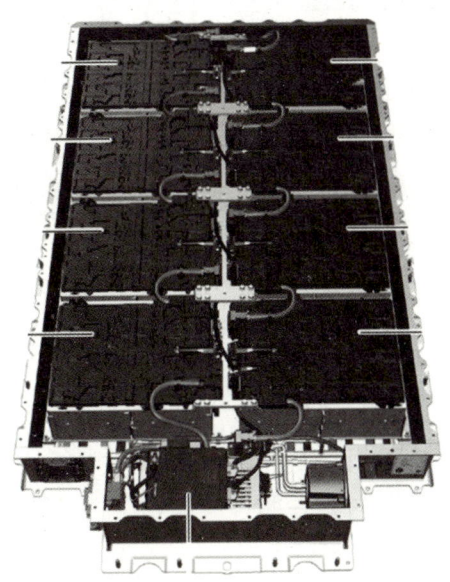

纯电动汽车动力电池

— 21 —

② 驱动电机。驱动电机是纯电动汽车的动力装置，它是根据电磁感应原理实现电能转换的一种电磁装置，在电路中用字母M表示。它的主要作用是产生旋转运动，作为用电器或各种机械的动力源。

纯电动汽车驱动电机

③ 冷却系统。纯电动汽车的动力电池、驱动电机及其控制器工作时要产生大量的热量，需要进行强制冷却。动力电池的冷却通常采用风冷，其主要装置为鼓风机。驱动电机多采用水冷，其主要装置为水泵和散热器。驱动电机也有采用风冷的。

纯电动汽车冷却系统

（2）底盘。

① 传动系统。纯电动汽车的传动系统随电机与机械系统的组合方式的不同有多种形式，通常可分为机械驱动式、电机-驱动桥组合式、电机-驱动桥整体式和轮毂电机分散式4种。这几种不同的形式各有其特征，在具体的汽车上根据汽车的构造等合理选用，要能够辨认和识别。

② 行驶系统。行驶系统与燃油汽车相似，主要包括车架、车桥、车轮和悬架等。

项目二　纯电动汽车结构的认知

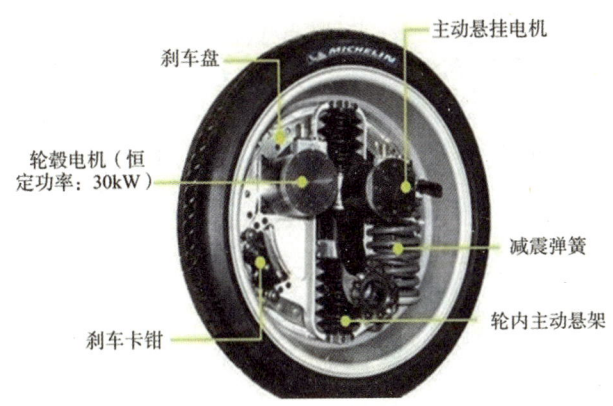

纯电动汽车行驶系统

③ 转向系统。纯电动汽车转向系统的作用是保持或者改变车辆的行驶方向。该系统包括转向操纵机构、转向器和转向传动机构等部件。

纯电动汽车转向系统

④ 制动系统。制动系统包括制动器和制动传动装置。现代纯电动汽车制动系统中还装设了制动防抱死装置。

与燃油汽车相似，纯电动汽车的制动系统也由行车制动和驻车制动两套装置构成。纯电动汽车多采用电动真空制动助力装置。

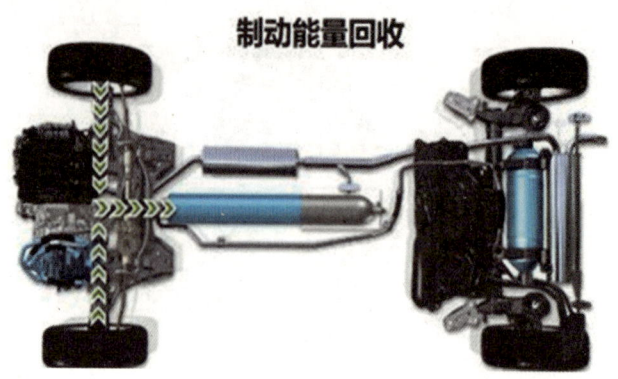
纯电动汽车制动系统

（3）车身。

早期的纯电动汽车车身分为车头和车厢两个部分。

随着纯电动汽车的发展，现在多数纯电动汽车是以某种燃油汽车改型而成的，所以其车身结构基本上与燃油汽车的相同。

（4）电气设备。

纯电动汽车电气设备主要由发电机、充电装置、辅助蓄电池（车载12 V电源）、灯具、仪表、音响装置、刮水器等组成。下面简单介绍其中的几种。

① 发电机。发电机的主要作用是将机械能转换为电能，它在电路中用字母G表示。纯电动汽车的发电功能基本上都是由驱动电机来完成的，即驱动电机为电动机、发电机，可实现驱动和发电两种功能。

② 充电装置。充电装置主要包括车载充电器和充电接口。

充电接口

车载充电器

③ 辅助蓄电池。辅助蓄电池也称为辅助电源，指车载12 V电源，其主要功能是为纯电动汽车的一些用电设备供电。

④ 灯具、仪表。灯具、仪表是提供照明并显示纯电动汽车状态的部件组合。仪表一般能够显示动力电池电压、整车速度、行驶状态、灯具状态等，智能型仪表还能显示整车各电气部件的故障情况。

项目二 纯电动汽车结构的认知

2.2 比亚迪秦 EV 车载网络系统

【学习目标】

✱ 知识目标

1. 熟悉比亚迪秦EV车载网络系统的组成、名称和结构特点。
2. 掌握比亚迪秦EV各个组成部件的作用。

✱ 能力目标

1. 能够认识比亚迪秦EV车载网络系统的零件。
2. 掌握比亚迪秦EV车载网络系统的工作原理。

✱ 素质目标

1. 树立安全第一的思想，注意个人安全、他人安全、设备安全。
2. 保持作业环境卫生，设备、设施干净整洁。
3. 具有安全规范操作意识，遇事临危不惧，遵守各项实习安全规定。

【知识链接】

1. CAN 总线的组成与功能

CAN总线一般由节点、链路、终端电阻和网关等组成，CAN（Controller Area Network）是控制器局域网络的简称，其功能分别如下。

（1）节点：指能够连接在CAN总线上的单元，并能通过CAN总线实现各个节点间的通信，以实现复杂的控制过程，如纯电动汽车的CAN系统的电池管理器、车身控制器、车载充电器等ECU（电子控制单元）为典型网络节点。

节点通常具有三大功能：一是采集信息并把各种信号转变为数字信号；二是向总线发送自己的信息；三是在总线上接收自己的信息。

— 25 —

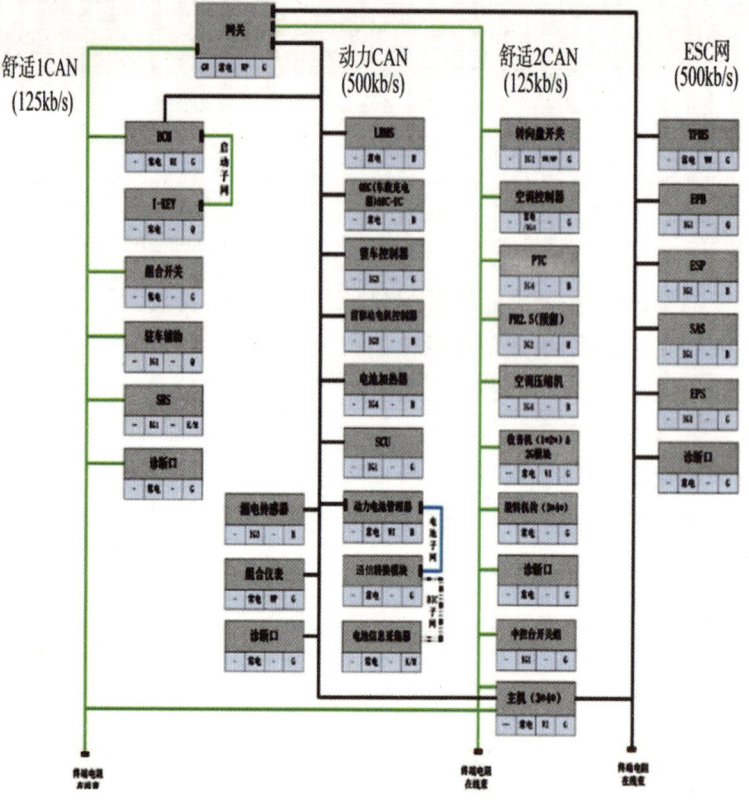

CAN 总线的组成

（2）链路：就是从一个节点到相邻节点的一段物理连接线路，中间没有任何其他的交换节点，是系统中数据传递的载体。链路通常具有两大功能：一是把各节点连接起来；二是把各节点发出的数字信号发送到别的节点上。

（3）终端电阻：终端电阻是在线型网络两端（相距最远的两个通信端口上），并联在一对通信线上的电阻。根据传输线理论，终端电阻可以吸收网络上的反射波，可有效增强信号强度。两个终端电阻并联后的值，应当基本上等于传输线在通信频率上的特性阻抗，常见的车载网络终端电阻为120欧姆。

（4）网关：亦为一个节点，其主要功能是在不同速度的CAN总线之间进行数据通信交换。

网关

2. 比亚迪秦EV的CAN总线系统的结构与原理

比亚迪2020款秦EV的CAN总线系统网络拓扑图如下图所示，主要由启动子网、舒适1CAN、舒适2CAN、动力CAN、电池子网、ESC CAN和网关等组成。

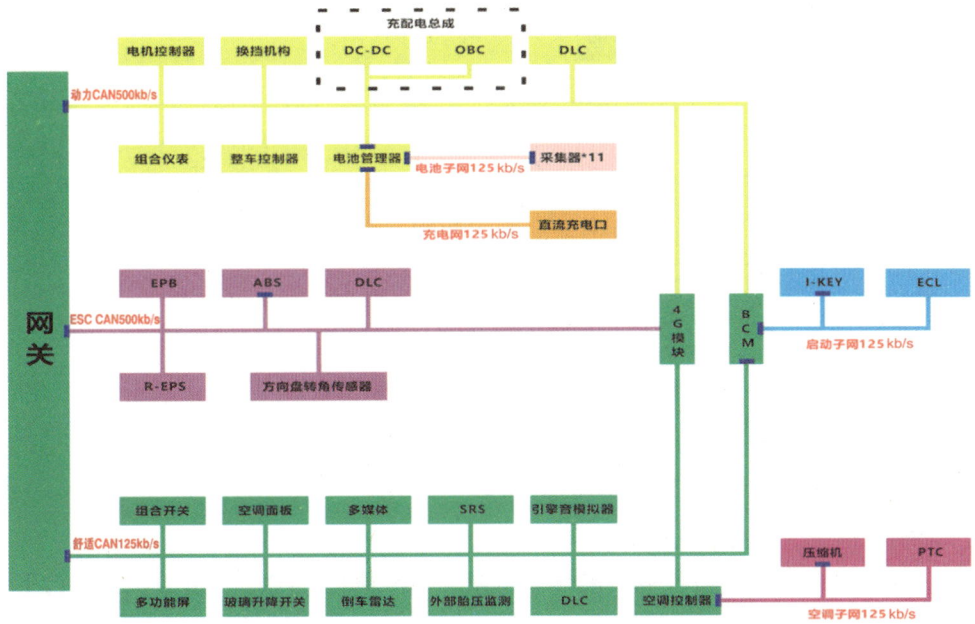

比亚迪秦EV的CAN总线系统网络拓扑图

（1）启动子网。主要负责车辆启动的控制，主要控制对象为：BCM（Body Control Module，车身控制模块）和I-Key（Intelligent Key，智能钥匙）。传输速率为125kb/s，属于低速CAN，终端电组分组在BCM和智能钥匙遥控器中。

（2）舒适1CAN。主要包含BCM、I-Key、组合开关、驻车辅助、SRS、诊断口等，其传输速率为125kb/s，属于低速CAN，其终端电阻分别在网关和线束中。

（3）动力CAN。主要负责驱动和控制车辆，主要控制对象为LBMS（低压电池管理系统，12V电源）、OBC（车载充电器）、整车控制器、前驱动电机控制器、电池加热器、SCU（挡位控制器）、动力电池管理器、通信转换模块、电池信息采集器、漏电传感器、组合仪表、诊断口等。传输速率为500kb/s，属于高速CAN，其终端电阻分别在网关和电池管理模块中。

（4）电池子网。主要负责动力电池内部温度、电量等信息的采集，传输速率为125kb/s，属于高速CAN，其终端电阻分别在电池管理模块和通信转换模块中。

（5）ESC CAN。该网络系统主要包含TPMS（胎压监测系统）、EPB（电子驻车）、ESP（电子车身稳定系统）、SAS（半主动悬架）、EPS（电子助力转向）、诊断口。它主要负责车身稳定性控制，侧重于车辆安全，传输速率为500kb/s，属于高速CAN，其终端电阻分别在网关和线束中。

（6）舒适2CAN。主要包括转向盘开关、空调控制器、PTC（空调加热器）、空调压缩机、收音机和旋转机构等。其传输速率为125kb/s，属于低速CAN，其终端电阻分别在网关和线束中。

— 27 —

3. 2020 款秦 EV 网关信号检测

比亚迪全新秦EV网关控制器G19连接器针脚定义如下图所示。

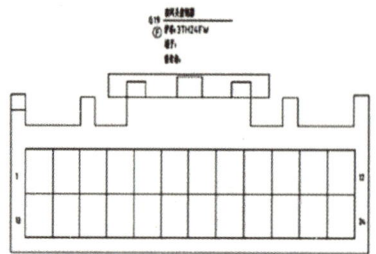

（a）断开网关控制器 G19 连接器。
（b）检查线束端各端子电压和电阻。
（c）重新接上 G19 连接器，从连接器后端引线，检查各端子电压。

比亚迪全新秦 EV 网关控制器 G19 连接器针脚定义

首先要检查电源。
（1）断开网关控制器G19连接器。
（2）检查线束和连接器各端子电压和电阻，标准值见下图。若正常，则进行下一步操作。

端子号	线色	端子描述	条件	正值
G19-1-车身地	P	舒适 CAN2-H	始终	2.5～3.5V
G19-1-车身地	V	舒适 CAN2-L	始终	1.5～2.5V
G19-3（预留）				
G19-4（预留）				
G19-7-车身地	P	舒适 CAN1-H	始终	2.5～3.5V
G19-8-车身地	V	舒适 CAN1-L	始终	1.5～2.5V
G19-9-车身地	P	动力 CAN-H	始终	2.5～3.5V
G19-10-车身地	V	动力 CAN-L	始终	1.5～2.5V
G19-11-车身地	B	GND	始终	小于 1Ω
G19-12-车身地	R/L	ON-IN	ON 挡电	11～14V
G19-13-车身地		ESC-L	始终	1.5～2.5V
G19-14-车身地	P	ESC-H	始终	2.5～3.5V
G19-15-车身地	B	GND	始终	小于 1Ω
G19-16-车身地	R	+12V-IN	始终	11～14V

标准值

若电源线异常，则为网关电源线断路或短路，更换线束；若正常，则进行搭铁检查。
若搭铁线异常，则为网关搭铁线断路或短路，更换线束；若正常，则进行CAN通信检查。

4. CAN 总线的检测

（1）动力CAN正常时，万用表测得CAN-H和CAN-L的值分别是2.6V和2.2V，波形测得CAN-H在2.5～3.5V之间变化，CAN-L在1.5～2.5V之间变化，如下图所示。

项目二　纯电动汽车结构的认知

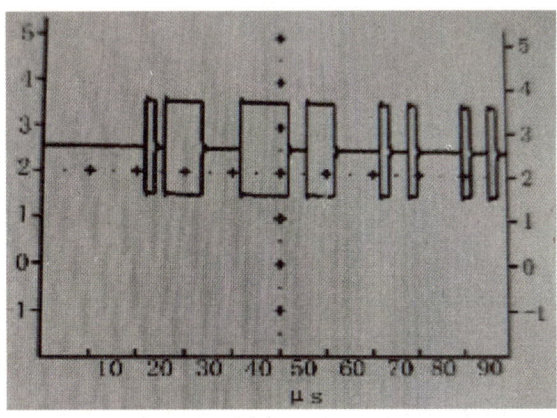

动力 CAN 变化特性

（2）低速CAN正常时，万用表测得CAN-H和CAN-L的值分别是2.5V和2.2V，波形测得CAN-H在2.5～3.5V之间变化，CAN-L在1.5～2.5V之间变化。

2.3　比亚迪秦 EV 高压系统

【学习目标】

✻　**知识目标**

1. 熟悉比亚迪秦EV高压系统的组成、名称和结构特点。
2. 掌握比亚迪秦EV各个组成部件的作用。

✻　**能力目标**

1. 能够认识比亚迪秦EV高压系统的零件。
2. 掌握比亚迪秦EV高压系统的工作原理。

✻　**素质目标**

1. 树立安全第一的思想，注意个人安全、他人安全、设备安全。
2. 保持作业环境卫生，设备、设施干净整洁。
3. 具有安全规范操作意识，遇事临危不惧，遵守各项实习安全规定。

【知识链接】

整车高压电器分布。

下图是整车高压电器分布示意图。

— 29 —

新能源汽车故障诊断与检测技术

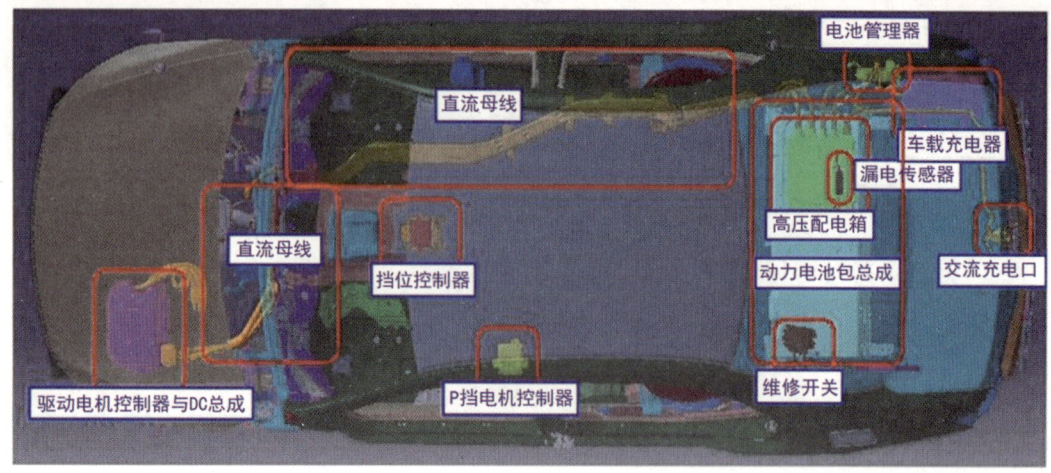

整车高压电器分布示意图

根据具体的各结构和功能模块，该高压系统各部件主要包括：

动力电池包总成。

维修开关。

高压配电箱。

漏电传感器。

驱动电机控制器与DC总成。

1. 动力电池包

动力电池包总成，也就是动力电池包，它的安装位置在后排座椅与行李舱之间，主要实现的功能是充电、储存电和放电。

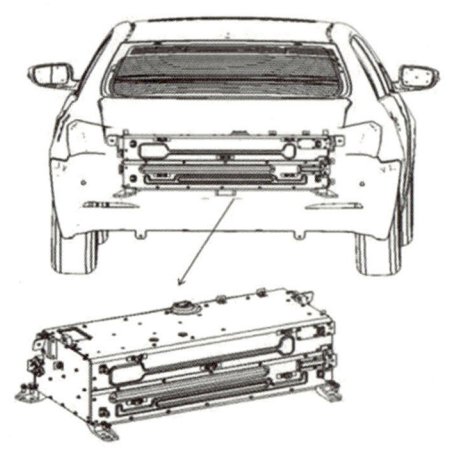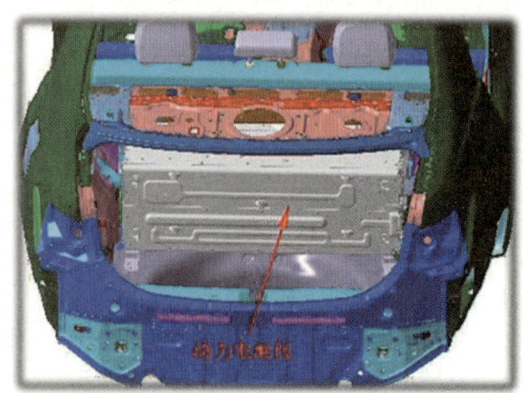

动力电池包总成

动力电池包总成从结构上包括动力电池模组（10个模组共152个单体）。

动力电池串联线。

动力电池采样线。

电池信息采集器。

接触器、保险。

电池包护板。

安装支架等。

动力电池包总成结构示意图

参数：

（1）每个单体为3.3V。

（2）电池包标称电压为501.6V。

（3）标称容量为26Ah。

（4）一次充电为13度（1度=1kW·h）。

动力电池包

下图是电池包的高压线束。分别有电池包负极线、电池包正极线、电池包串联线Ⅰ和电池包串联线Ⅲ。

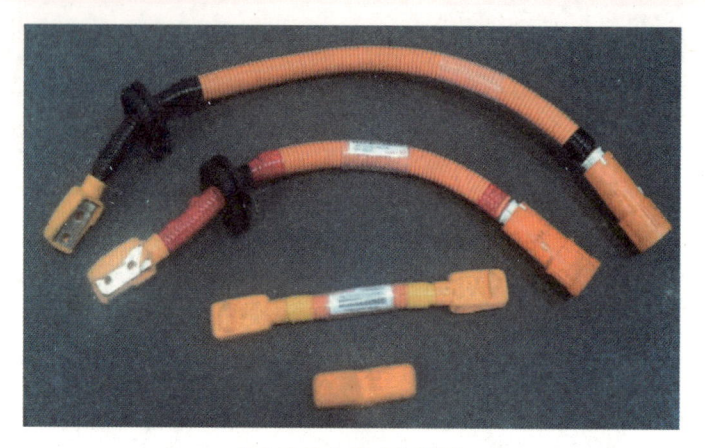

动力电池包的高压线束

动力电池采样线的主要功能是连接电池管理控制器和电池信息采集器，实现二者之间的通信及信息交换，下面两个图片分别是动力电池采样线Ⅱ和动力电池采样线Ⅰ。

动力电池采样线Ⅱ

动力电池采样线Ⅰ

动力电池包的高压采样线接头如下图所示。

高压采样线接头

2. 维修开关

维修开关位于动力电池包总成上方的左上角，连接动力电池的一个正极和一个负极。它的功能是在车辆维修时直接断开高压回路，从而保证操作人员的安全。

维修开关在正常状态时，手柄处于水平位置；需要拔出时，应先将手柄旋转至竖直状态，再向上拔出；需要插上时，应先沿竖直方向用力向下插入，再将手柄旋转至水平状态。

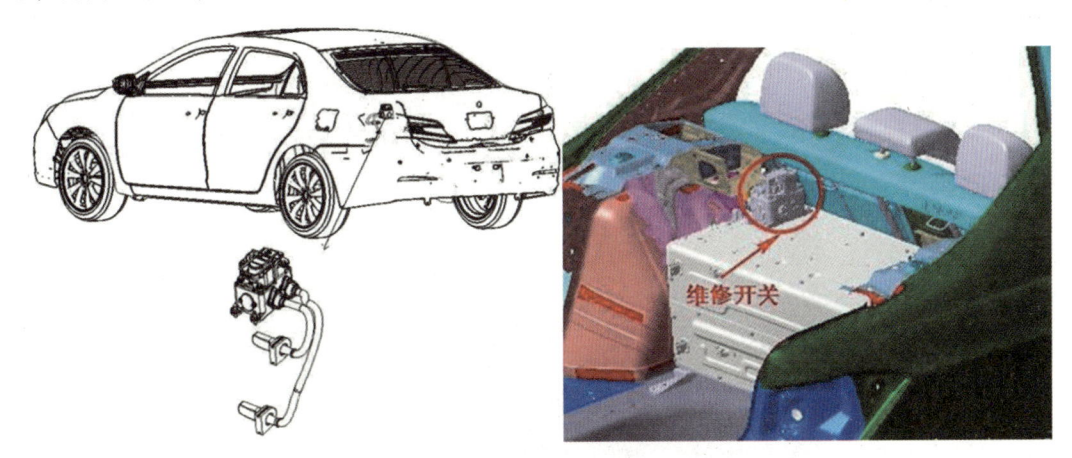

维修开关

3. 高压配电箱（High Voltage Distribution Box）

高压配电箱简称HVDB，位于行李舱电池包支架的右上方。

它的功能是将电池包的高压直流电分配给整车高压电器使用，其上游是电池包，下游包括驱动电机控制器及DC总成、PTC水加热器、电动压缩机、漏电传感器；也将车载充电器的高压直流电分配给电池包。

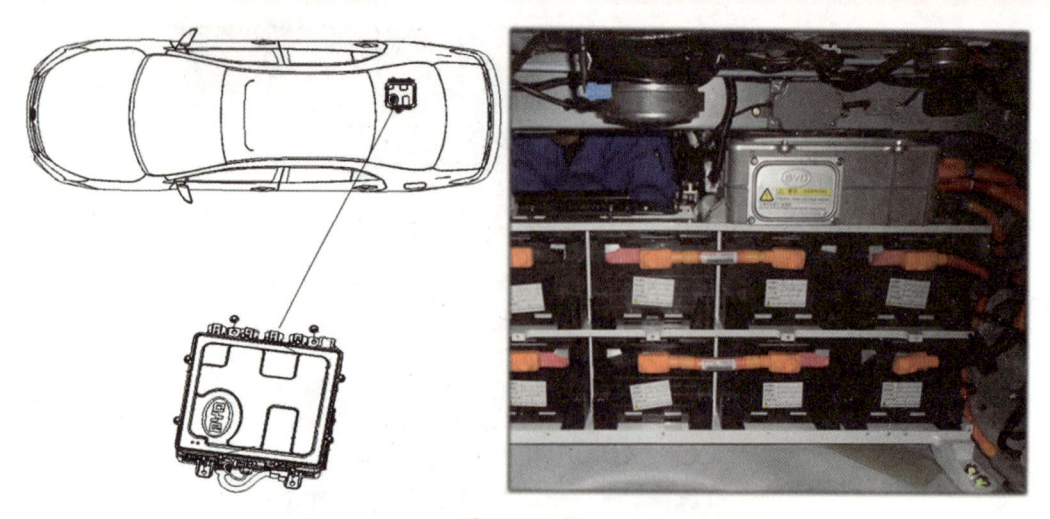

高压配电箱

下图是高压配电箱总成的结构，外部有高压端子、低压线束、漏电传感器检测线、空调保险、车载充电保险。

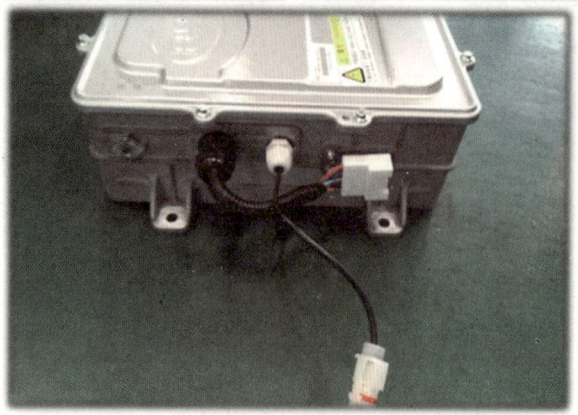

高压配电箱总成的结构

下图所展示的就是高压配电箱外部的高压端子，它输出至空调配电盒。

项目二 纯电动汽车结构的认知

高压配电箱外部的高压端子

这里5个红色的端口分别是车载充电器输入、动力电池包输入正驱动、动力电池包输入负驱动、电机控制器与DC负驱动、电机控制器与DC正驱动。

高压配电箱外部的高压端子

空调配电盒

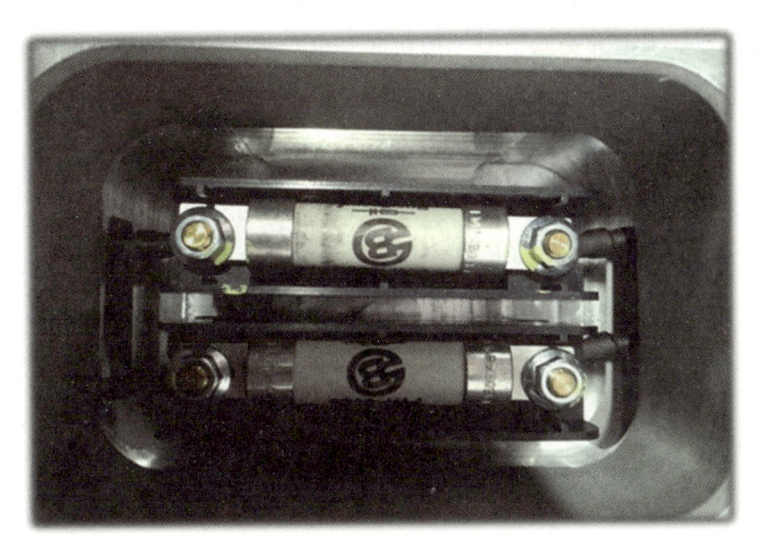

4. 漏电传感器

漏电传感器位于车身后围搁物板前的加强横梁上。

它主要用于对电动汽车直流动力电源母线与其外壳、车身底盘之间的绝缘阻抗检测，通过检测和动力电池输出相连接的负极母线与车身底盘之间的绝缘电阻，来判断动力电池

— 35 —

包的漏电程度。当动力电池包漏电时，传感器发出一个信号给电池管理控制器，电池管理控制器接到漏电信号后，进行相关的保护操作并警报，防止动力电池包的高压电外泄，造成人或物品的伤害和损失。

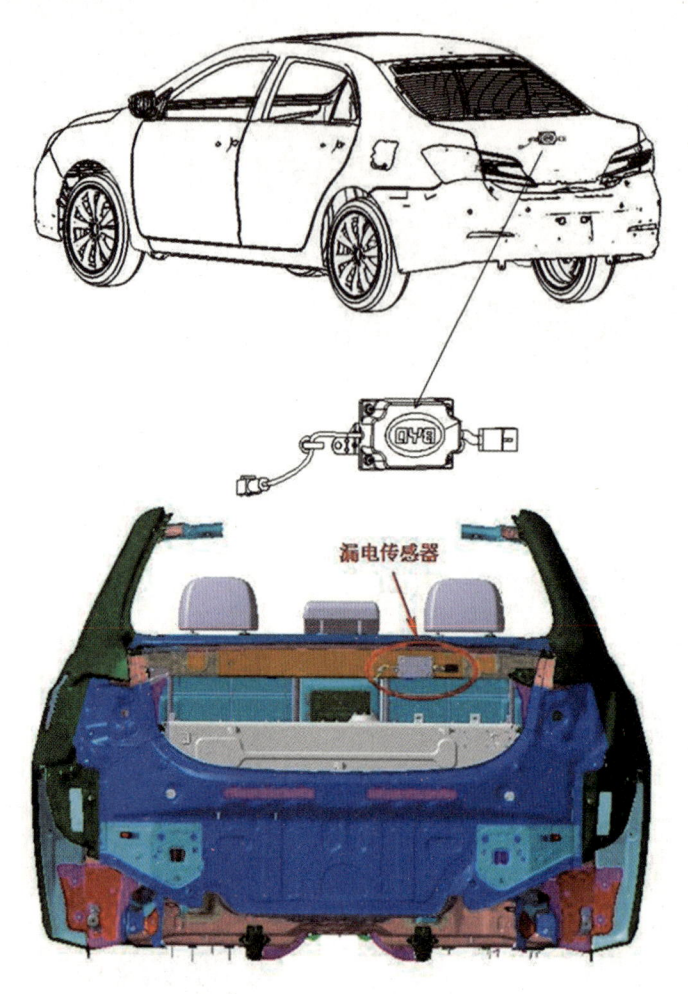

漏电传感器

漏电传感器总成的工作原理：通过检测和动力电池输出相连接的负极母线与车身底盘之间的绝缘电阻，来判断漏电的严重情况。当绝缘阻值小于或等于100～120kΩ时，就可以判定为一般漏电；当它小于或等于20kΩ时，则是严重漏电。

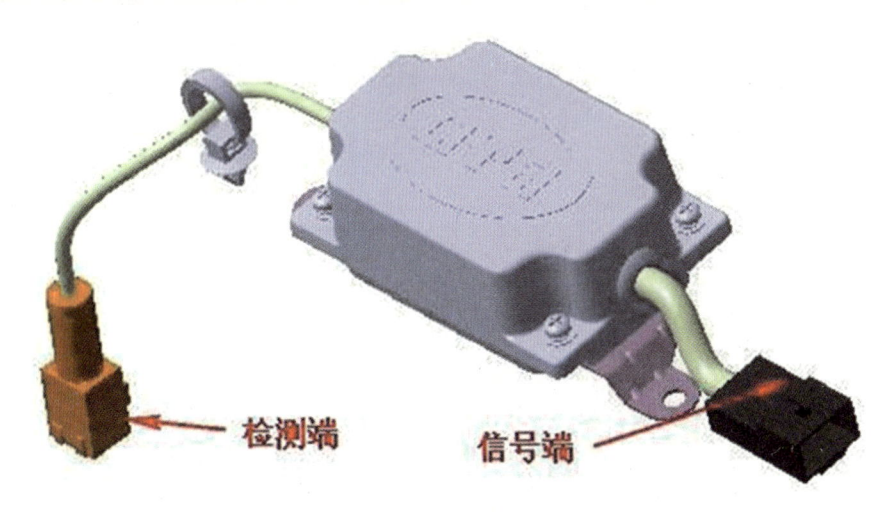

漏电传感器总成

5. 分布式电池管理系统

分布式电池管理系统（Distributed Battery Management System，DBMS）由10个电池信息采集器（Battery Information Collector，BIC）和1个电池管理控制器（Battery Management Controller，BMC）组成。

10个BIC分别位于10个动力电池模组的前端，BMC位于行李舱车身右C柱内板后段。

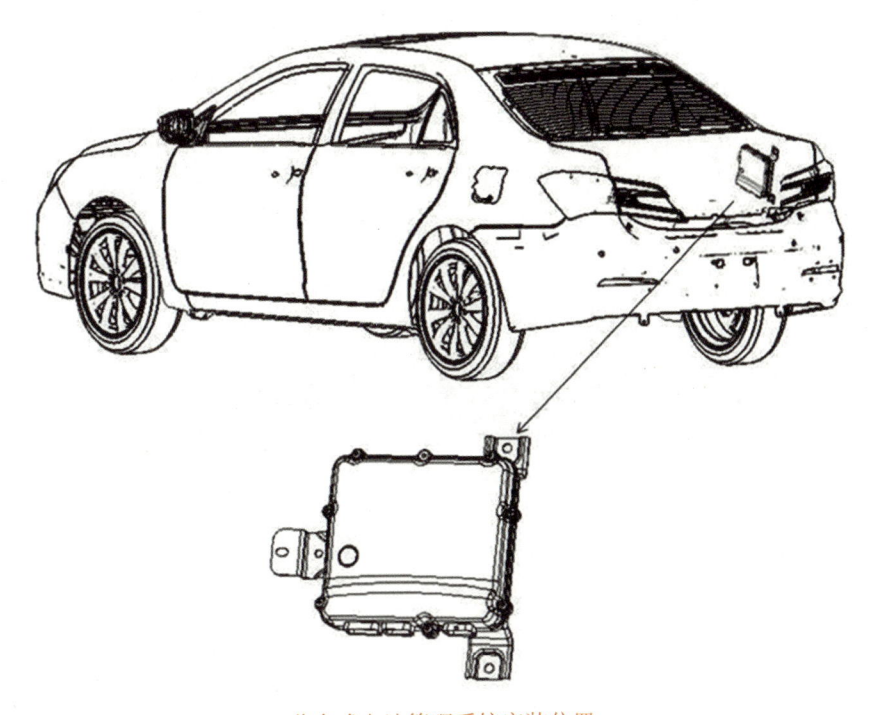

分布式电池管理系统安装位置

分布式电池管理系统

BMC的主要功能是总电压监测、总电流监测、SOC计算、充放电管理、接触器控制、功率控制、电池异常状态警报和保护、漏电警报、碰撞保护、自检，以及通信功能等。

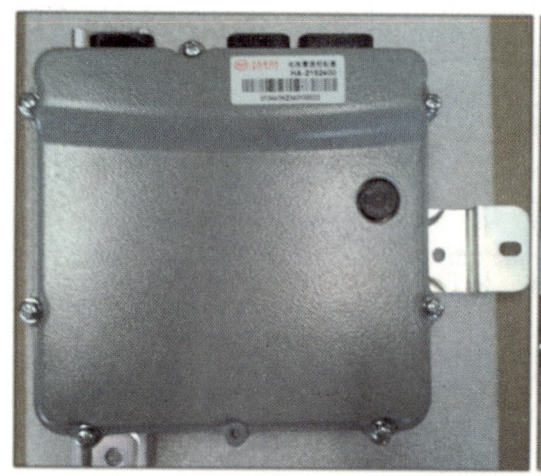

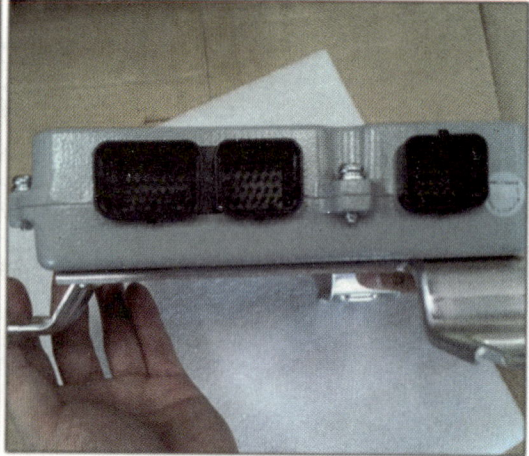

电池管理控制器

6. 驱动电机控制器与DC总成

驱动电机控制器与DC总成，安装在前舱左侧。

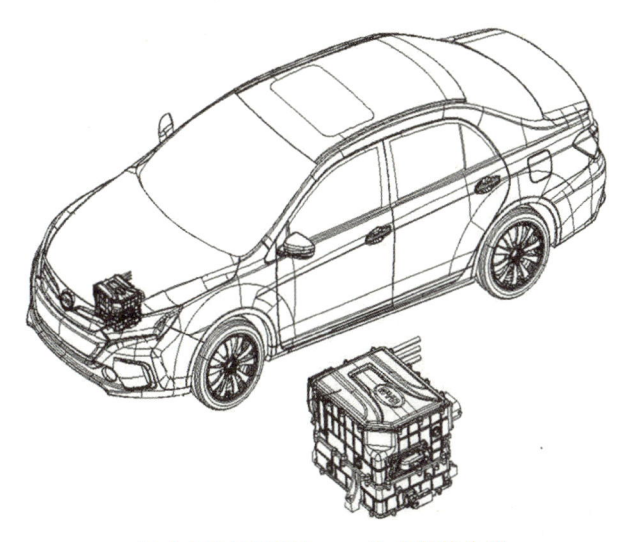

项目二　纯电动汽车结构的认知

驱动电机控制器与 DC 总成安装位置

驱动电机控制器

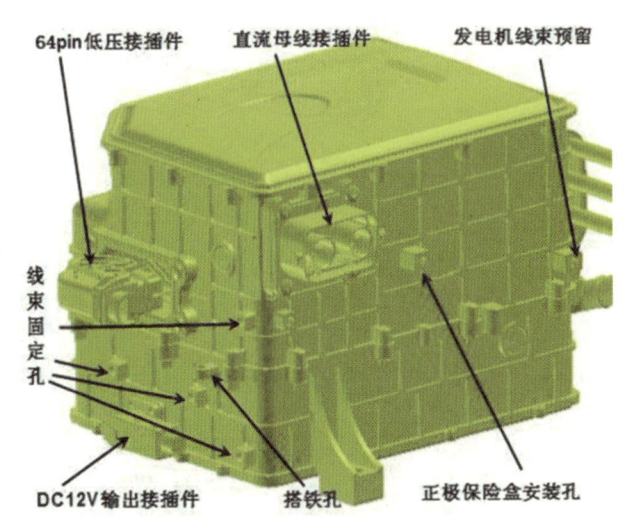

64pin低压接插件　直流母线接插件　发电机线束预留

线束固定孔

DC12V输出接插件　搭铁孔　正极保险盒安装孔

驱动电机控制器总成

下表是驱动电机控制器与DC总成的参数介绍。

类别	项目	参数
电机驱动	工作电压等级	480V
	最大功率	110kW
	额定功率效率	≥95%
DC-DC	高压侧	300～550V
	低压电压等级	12V
	输出电流	120A
	效率	≥90%
重量		16kg

作为动力系统的总控中心，驱动电机的运行，根据工况控制电机的正反转、功率、扭矩、转速等，协调发动机管理系统工作。

使用硬件采集电机的旋变、温度、制动踏板开关信号。

通过CAN通信采集刹车深度、挡位信号、驻车开关信号、启动命令、电池管理信息。

此外，还有控制器相关数据、控制器的故障信息。

内部处理的信号有直流侧母线电压、交流侧三相电流、IGBT温度、电机的三相绕组阻值。

7. 充电系统

下图所示的是交流充电连接装置及交流充电口总成。

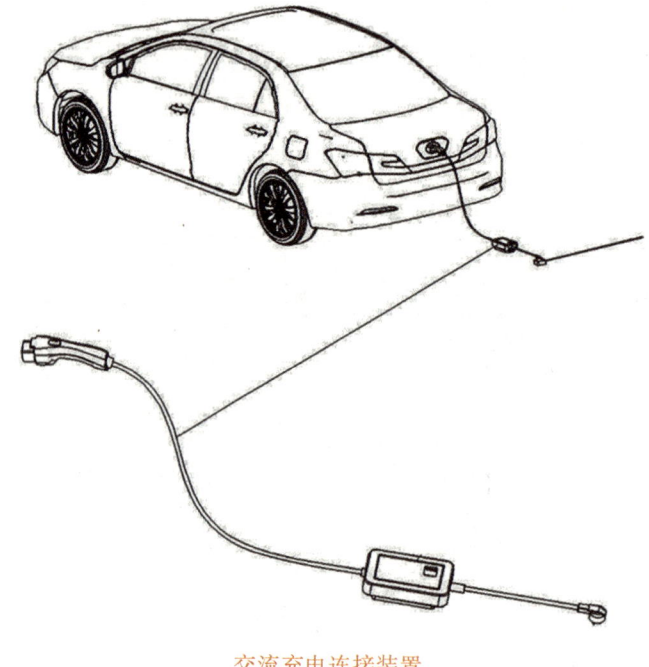

交流充电连接装置

项目二　纯电动汽车结构的认知

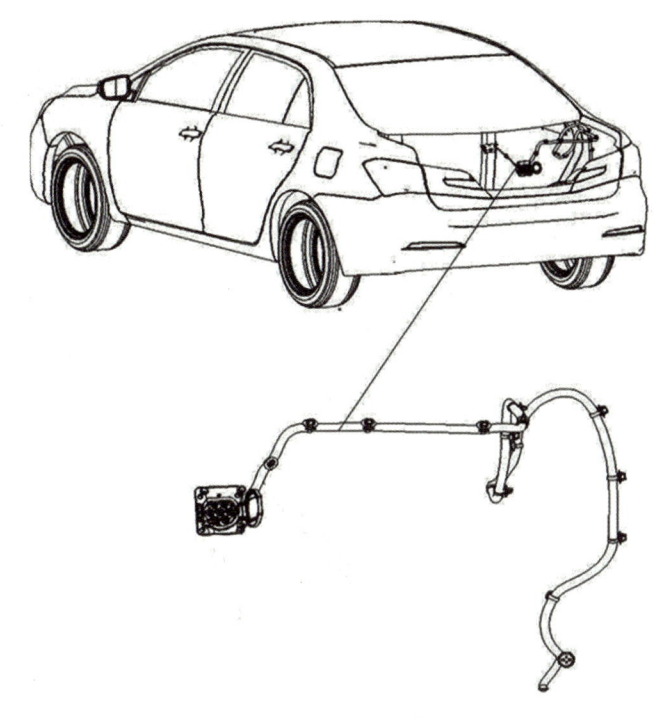

交流充电口总成

指示灯。它连接供电端三芯插头，交流充电连接装置上的控制盒点亮"READY"指示灯，同时"CHARGE"指示灯闪烁。

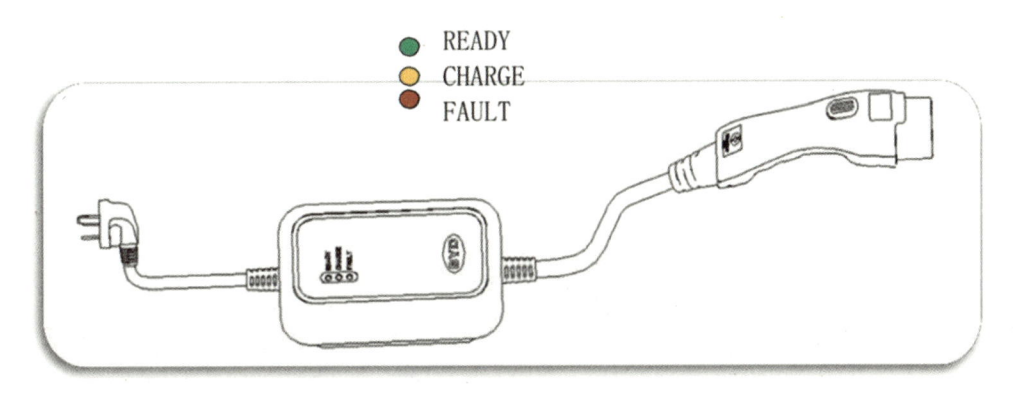

指示灯

交流充电口总成又称慢充口，位于行李舱门上，用于将外部交流充电设备的交流电源连接到车辆充电回路上。车辆外部通过交流充电连接装置连接到交流充电设备上，车辆内部通过高压电缆连接到车载充电器上。

— 41 —

交流充电口总成（慢充口）

车载充电器，简称OBC，位于行李舱右部。
将交流充电口传递过来的交流电源转换为直流高压电，从而为动力蓄电池充电。
高压电缆。下图所示就是车内高压电缆的位置。

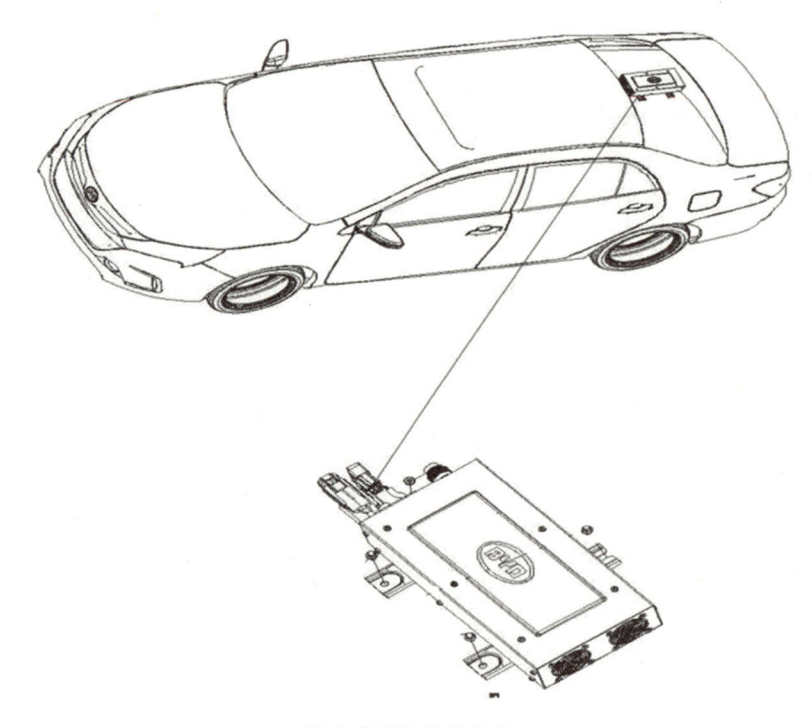

车内高压电缆的位置

项目二　纯电动汽车结构的认知

高压系统如下图所示。

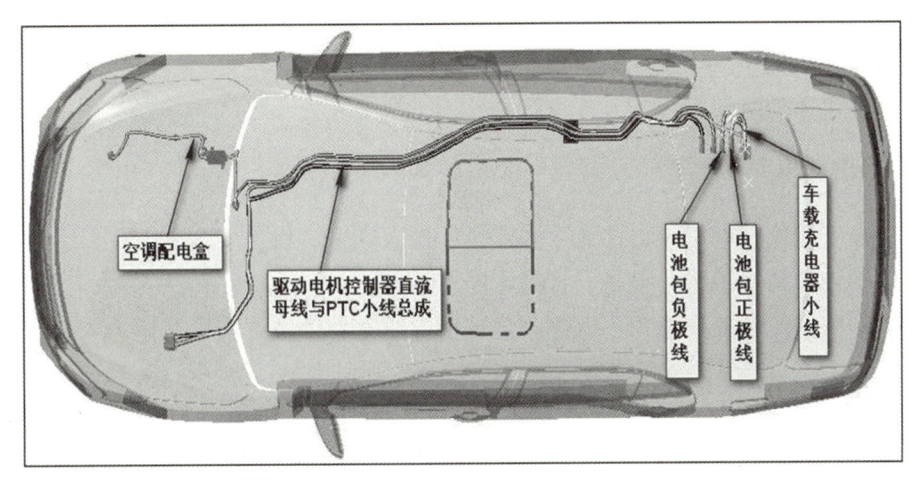

高压系统

　　DM二代秦，针对功能失效、高压安全等方面所做的防范工作主要包括电源极性反接防护、被动泄放、主动泄放、高压互锁、开关检测、碰撞保护等。

DM 二代秦

2.4　汽车故障诊断仪的使用

【学习目标】

知识目标

1. 熟悉汽车故障诊断仪的组成和结构特点。
2. 掌握汽车故障诊断仪的使用方法。

— 43 —

✤ 能力目标

1. 能够熟练使用汽车故障诊断仪。
2. 掌握汽车故障诊断仪的工作原理和使用方法。

✤ 素质目标

1. 树立安全第一的思想，注意个人安全、他人安全、设备安全。
2. 保持作业环境卫生，设备、设施干净整洁。
3. 具有安全规范操作意识，遇事临危不惧，遵守各项实习安全规定。

【知识链接】

汽车故障诊断仪也称解码器、故障扫描仪等，适用于对应车型的故障诊断，不同车型采用的诊断仪也不同。诊断仪应能与被检测车辆的控制模块（计算机）通信。

北汽新能源汽车采用BDS故障诊断系统（BAIC BJEV Diagnostic System），如下图所示，将诊断软件安装在计算机终端上，通过通信电缆（诊断盒子）与车载OBD诊断座连接，与车辆的控制模块通信进行故障诊断。

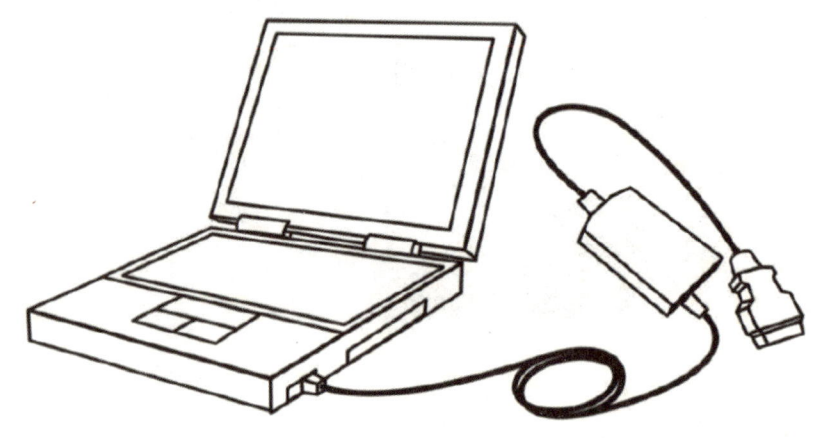

北汽新能源汽车 BDS

下面介绍BDS的安装及相关知识。

1. 软件运行环境

本软件对计算机的配置要求不高，常规的台式计算机和办公笔记本电脑都能满足安装运行的要求。

（1）硬件要求：笔记本电脑，台式计算机，PAD，系统盘空间不小于5GB，内存不小于1GB。

（2）操作系统：Windows XP SP3，Windows 7和Windows 8，暂不支持Windows RT。

（3）网络要求：本软件需要在线激活和网络下载，务必保证连接Internet正常。

（4）安装条件：Windows登录账户必须是管理员身份。

2. **软件下载与安装**

在北汽指定的网址下载好软件安装包，将安装文件"BDS setup.exe"复制到所要安装的计算机中，双击即可根据"安装向导-BDS"的提示进行操作并完成软件安装。"安装向导-BDS"如下图所示。

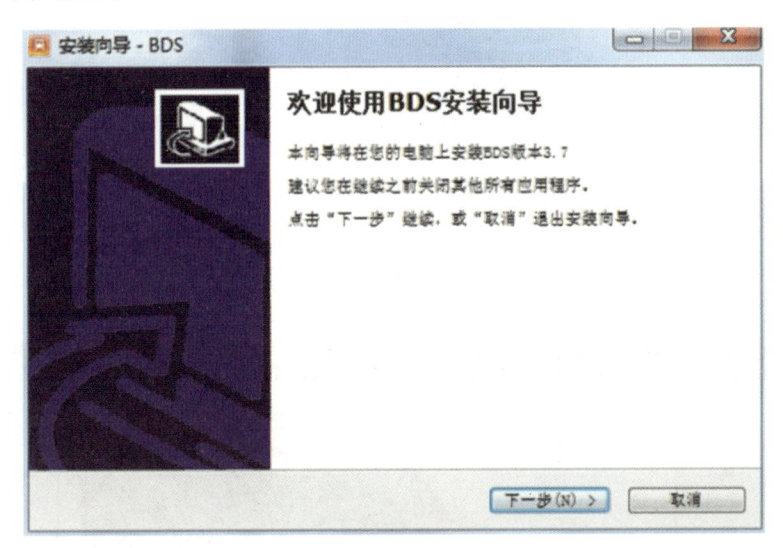

BDS 安装向导

安装结束，按【完成】键，提示BDS软件安装完成。

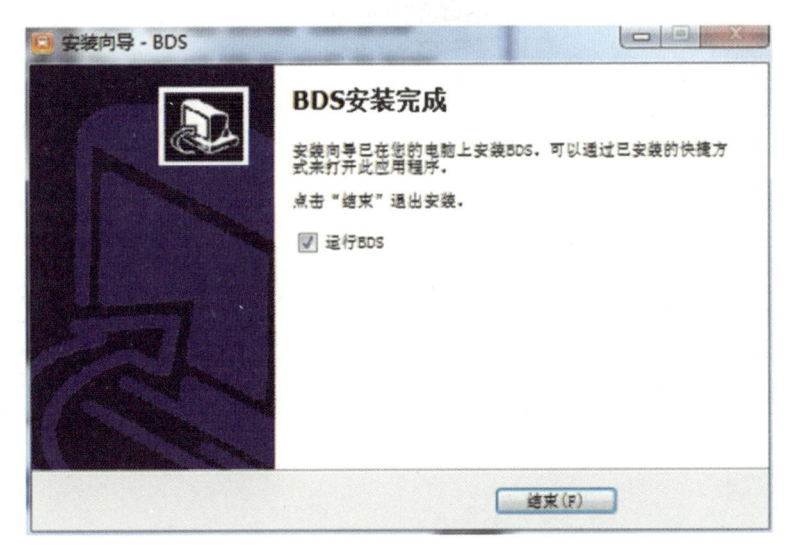

BDS 安装完成图

按【结束】键，进入BDS启动界面。

BDS 启动界面

软件安装后，进入BDS主界面。

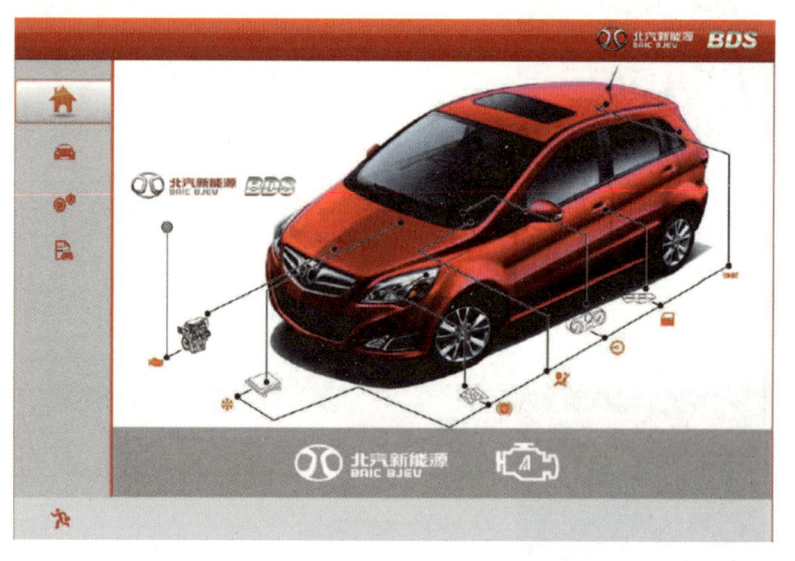

BDS 主界面

3. 软件操作

（1）软件管理。

软件功能使用说明如下表所示。

软件功能使用说明

功能图标	功能名称	功能描述
	主界面	BDS 主界面，介绍和描述产品性能和品牌
	汽车智能诊断系统	汽车智能诊断系统提供了简易而专业的汽车综合诊断功能，包括读 ECU 信息、故障码分析、数据流分析、数据流冻结帧、元件执行、计算机编程、匹配、设定和防盗等功能
	系统设定	汽车智能诊断系统的系统设定功能，包括多种功能操作模式，连接方式，公英制单位切换和语言选择等功能，从而丰富用户的体验
	软件管理	产品软件管理，用于甄别汽车诊断软件的版本信息，以便用户升级软件；用于用户管理汽车诊断车型；用于注册用户信息，以加强用户的安全性，以及用户打印测试报告时显示用户信息
	系统退出	安全退出 BDS

（2）产品激活与注册。

第一次使用BDS时，必须填写完整的用户信息，以便记录用户的基本信息，加强用户与厂家的联系，及时共享厂家资源。

（3）系统升级。

进行软件升级时，需采用USB模式。需先确定USB连接和网络是否正常工作，具体升级过程按照计算机提示即可完成。BDS的车型诊断程序提供两种升级模式：【手动选择】和【一键式升级】。

（4）车型诊断操作。

首先请将诊断盒子连接到汽车的OBD诊断座，连接后，电源指示灯会点亮。固定的SSID为UCANDAS，如果你的Wi-Fi自动连接没有成功，请手动设置Wi-Fi连接到UCANDAS，Wi-Fi连接成功后，无线图标会点亮。

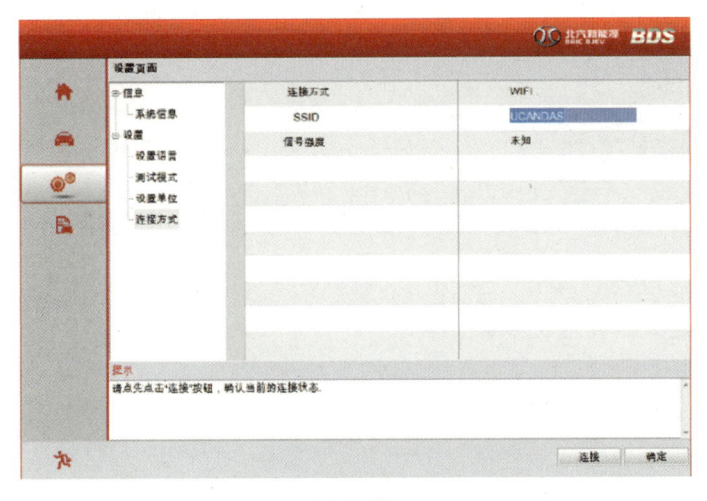

诊断操作 1

启动BDS软件，单击汽车诊断图标。

诊断操作2

选择你需要的车型图标，单击软件版本，进入对应车型诊断程序，如下图所示。

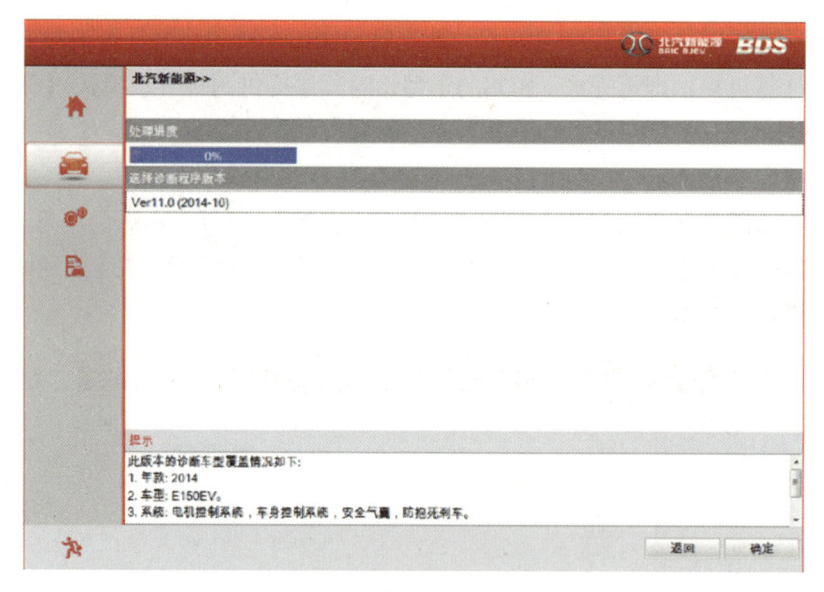

诊断操作3

根据相应的提示即可完成诊断工作。

2.5 示波器的使用

【学习目标】

✱ 知识目标

1. 熟悉示波器的组成和结构特点。
2. 掌握示波器的使用方法。

✱ 能力目标

1. 能够熟练使用示波器。
2. 掌握示波器的工作原理和使用方法。

✱ 素质目标

1. 树立安全第一的思想，注意个人安全、他人安全、设备安全。
2. 保持作业环境卫生，设备、设施干净整洁。
3. 具有安全规范操作意识，遇事临危不惧，遵守各项实习安全规定。

【知识链接】

手持式示波器是一种手持式的电子测量仪器，用于显示被测量的瞬时值轨迹的变化情况，具有携带方便、操作简单等特点。它能把肉眼看不见的电信号变换成看得见的图像，便于人们研究各种电现象的变化过程。它利用狭窄的、由高速电子组成的电子束，打在涂有荧光物质的屏面上，即可产生细小的光点。在被测信号的作用下，电子束就好像一支笔的笔尖，可以在屏面上描绘出被测信号的瞬时值的变化曲线。利用示波器可以观察各种不同信号幅度随时间变化的波形曲线，还可以用它测试各种不同的电量，如电压、电流、频率、相位差、调幅度等。

1. 示波器的特点

示波器具有如下一些特征。

（1）能显示波形，能测信号瞬时值，具有良好的直观性。

（2）灵敏度高（10μv/div）(微伏/格)，显示速度快，任务频带宽，可方便察看瞬变信号的细节。

（3）输入阻抗高，对被测电路影响小。

（4）可显示任意两个电压或电流的函数关系，可用作比较信号。

— 49 —

2. 手持式示波器的应用领域

示波器作为一种测量仪器，在工业生产和设备的测试与维护方面有着广泛的应用，包括且不限于以下方面。

（1）现场维修——工业方面或电子方面。

（2）工厂内部维护和维修。

（3）安装和运行监测。

（4）工业过程测试。

（5）质量控制。

（6）汽车电子、电路设计。

3. 示波器常用按键介绍

F1、F2、F3、F4均为选择按键，如下图所示。DSO/DMM为万用表和示波器功能切换，在万用表模式下分别按下面三个按键可以测量电压、电流、电阻。CHANNEL按键为通道切换按键；SELECT为设置按键；按V/mV按键可调示波器垂直挡位，可调节信号以合适的大小在屏幕上显示；按↑↓按键可调节参考波形基准点位置；按s/ns按键可调节示波器水平时基挡位，可调节信号以合适的大小在屏幕上显示；按←→按键可调节触发点的水平位置；AUTO为自动采集波形按键；RUN/STOP为开始或停止采集波形按键；MATH为数学运算功能按键；RECORD为录制按键；CURSOR为光标测量按键；TRIGGER为触发系统设置按键。

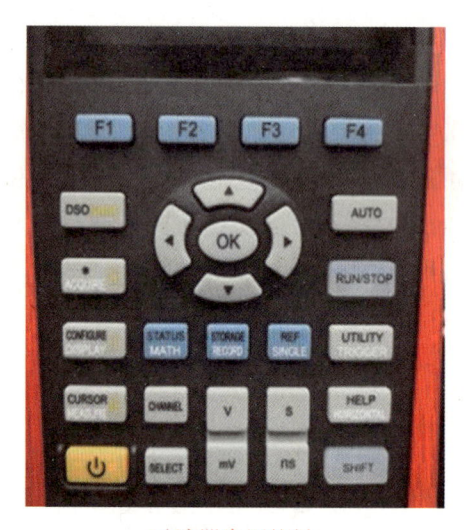

示波器常用按键

4. 示波器探头补偿

先将示波器探头插入通道1，再将探头插入左边探头补偿检测孔，按AUTO按键，观察波形。若为正方波，则探头补偿正确；若不为正方波，则为补偿不足或补偿过度。这时应用探头附件中的非金属手柄的螺丝刀调整探头上的可变件，直到波形显示正确。

5. 测量蓄电池电压

介绍完示波器的按键以及使用前的准备工作，现在就让我们一起来实际运用一下。将示波器连接正确后，设置通道1电压为10V，采集波形，观察后可以得到蓄电池电压为12V。

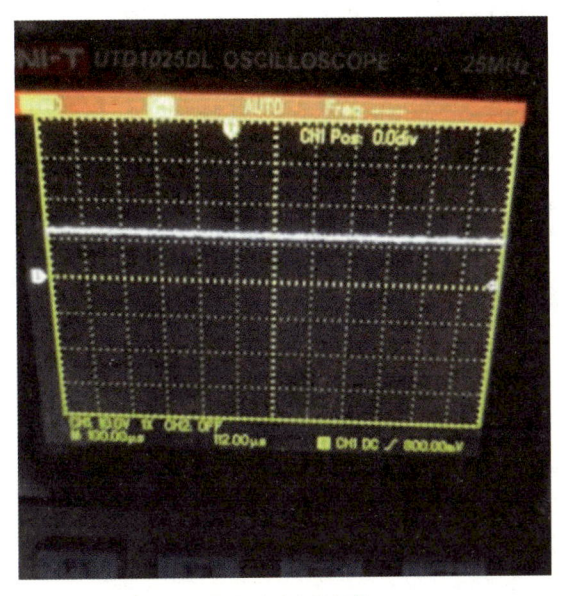

蓄电池电压波形

6. 测量单通道 LIN 总线 T20/10 端子

测量单通道LIN总线T20/10端子，已知在正常情况下此端子应为一个方波，实际测量结果将如何呢？将示波器连接正确后，设置通道1电压，将探头插入端子，负极搭铁，采集波形。按STOP按键并观察。

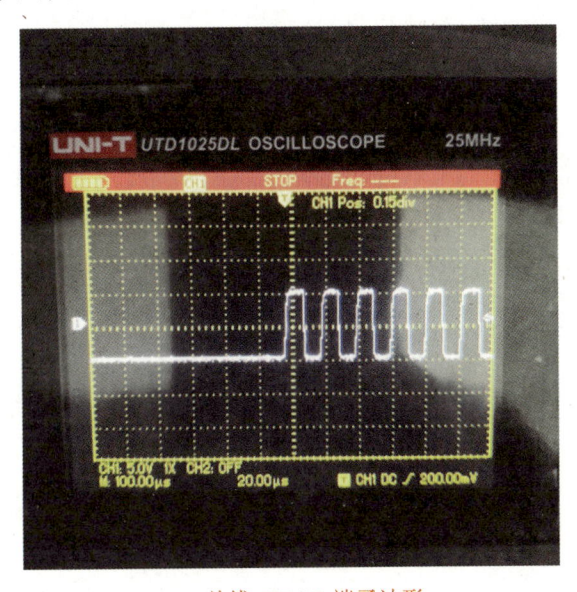

LIN 总线 T20/10 端子波形

了解了示波器的基本操作之后，示波器具体能做什么呢？

示波器是显示信号波形的设备，显示的是信号的电压随着时间发生的变化，利用示波器可以做到：

（1）看到一个信号的时间和电压的值；

（2）计算周期信号的频率（Frequency）；

（3）知道信号的上升沿和下降沿的情况（单调性）；

（4）知道信号的过冲（Overshoot）和下冲（Undershoot）情况；

（5）知道信号的振铃（Ringback）、信号的噪声（Noise）情况，知道信号是否有毛刺（Glitch）；

（6）知道信号间的时序关系（Sequence）。

项目三 纯电动汽车无钥匙进入系统

项目概述

汽车无钥匙进入系统,简称PKE(Passive Keyless Enter),该产品采用世界最先进的RFID(射频识别)技术和最先进的车辆身份编码识别系统,率先应用小型化、小功率射频室内天线的开发方案,并成功地融合了遥控系统和无钥匙系统,沿用了传统的整车电路保护,真正地实现双重射频系统和双重防盗保护,为车主最大限度地提供便利和安全。"汽车无钥匙系统"不是传统的钥匙,而是一个智能钥匙,或者说是智能卡。如果你的车是高端车型,则你打开车门时用的正是这种钥匙。

本项目包含了8个基本学习任务,即智能钥匙系统介绍、比亚迪秦EV电动汽车无钥匙进入系统、低压上电的控制策略、3个针对无钥匙进入系统的典型故障诊断案例、一键启动开关控制线路故障诊断和制动开关控制线路故障诊断。

通过本项目的学习,你要在知识、技能、行为习惯等方面达到以下相关要求:

序号	学习内容(知识、技能、行为习惯、职业素养)	了解知道	理解掌握	指导下操作	独立操作
1	安全规范的操作				√
2	实训室、学习环境整洁有序				√
3	团队合作学习、积极思考				√
4	工具的正确选择和使用				√
5	了解智能钥匙系统的组成及功用	√			
6	掌握比亚迪秦EV电动汽车的无钥匙进入系统的组成及功用		√		
7	掌握比亚迪秦EV电动汽车低压上电的控制策略		√		
8	掌握比亚迪秦EV电动汽车的无钥匙进入系统电源故障诊断方法			√	
9	掌握比亚迪秦EV电动汽车的无钥匙进入系统室内天线故障诊断方法			√	
10	掌握比亚迪秦EV电动汽车的无钥匙进入系统通信故障诊断方法			√	
11	掌握比亚迪秦EV电动汽车一键启动开关控制线路故障诊断方法			√	
12	掌握比亚迪秦EV电动汽车制动开关控制线路故障诊断方法			√	

3.1 智能钥匙系统介绍

【学习目标】

知识目标

1. 了解智能钥匙系统的功用。
2. 了解智能钥匙系统的组成。

能力目标

1. 具备安全操作基本常识。
2. 学会使用检测设备。

素质目标

1. 树立安全第一的思想，注意个人安全、他人安全、设备安全。
2. 保持作业环境卫生，设备、设施干净整洁。
3. 有安全规范操作意识，遇事临危不惧，遵守各项实训安全规定。

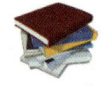

【知识链接】

一、智能钥匙控制系统的组成

汽车智能钥匙是常见的无钥匙进入系统，也称智能钥匙系统，是由发射器、遥控中央锁控制模块、驾驶授权系统控制模块三个接收器及相关线束组成的控制系统。遥控器和发射器集成在车钥匙上，车辆可以根据智能钥匙发来的信号，进入锁止或不锁止状态，甚至可以自动关闭车窗和天窗。

二、智能钥匙控制系统的功用

1. 当驾驶员口袋里的智能钥匙（简称钥匙）靠近汽车时，钥匙和汽车便开始通过无线电交换已设定好的指令信息。随即汽车的关闭系统和安全系统及发动机的控制系统全部被激活。
2. 解锁车门时，只要驾驶员一碰触门把手，中央控制单元首先检测钥匙的合法性，当钥匙合法时，中央控制单元就会通过门控制单元控制门锁电机打开车门、转向灯闪烁两次，同时打开折叠后视镜；当钥匙不合法时，驾驶员碰触门把手，车门、转向灯及折叠后视镜均无任何反应。

3. 车辆启动时，中央控制单元同样会检测钥匙的合法性，如果当钥匙合法，则在满足启动条件的前提下，按下点火开关，仪表才会点亮，方向盘才会解锁，发动机才会启动，否则按下点火开关，仪表不会点亮，方向盘不会解锁，发动机无法启动。

4. 闭锁车门时，驾驶员下车后必须按下锁车钮，如果转向灯闪一次，则表示车门已安全上锁。汽车上锁的同时，钥匙和汽车就会重新约定好一个新的指令信息。

三、智能钥匙控制系统的原理

这种智能钥匙能发射出红外线信号，既可以打开一个或两个车门、行李舱和燃油加注孔盖，也可以操纵汽车的车窗和天窗，更先进的智能钥匙则像一张信用卡，当车主触到门把手时，中央锁控制系统便开始工作，并发射一种无线查询信号，钥匙做出正确反应后，车锁便会自动打开。只有当中央控制单元感知钥匙在汽车内时，发动机才会启动。

这种系统采用RFID（射频识别）技术，通常情况下，当车主走近车辆大约1米以内的距离时，门锁就会自动打开并解除防盗；当车主离开车辆时，门锁会自动锁上并进入防盗状态；当车主进入车内时，车内检测系统会马上识别钥匙，这时只需轻轻按动一键启动开关（或旋钮），就可以正常启动车辆，在整个过程中，钥匙无须拿出。

汽车无钥匙进入系统简称PKE，该产品采用了世界最先进的RFID技术和最先进的车辆身份编码识别系统，率先应用小型化、小功率射频室内天线的开发方案，并成功地融合了遥控系统和无钥匙系统，沿用了传统的整车电路保护，真正地实现双重射频系统和双重防盗保护，为车主最大限度地提供便利和安全。

3.2 比亚迪秦 EV 电动汽车无钥匙进入系统

【学习目标】

知识目标

1. 掌握比亚迪秦EV电动汽车无钥匙进入系统的组成。
2. 掌握比亚迪秦EV电动汽车无钥匙进入系统的工作原理。

能力目标

1. 具备安全操作基本常识。
2. 会使用检测设备。

✿ 素质目标

1. 树立安全第一的思想，注意个人安全、他人安全、设备安全。
2. 保持作业环境卫生，设备、设施干净整洁。
3. 具有安全规范操作意识，遇事临危不惧，遵守各项实训安全规定。

【知识链接】

一、比亚迪秦 EV 电动汽车无钥匙进入系统的组成

比亚迪秦 EV 电动汽车无钥匙进入系统由低压蓄电池、智能钥匙、智能钥匙系统控制器（Keyless ECU）、车身控制模块（BCM）、门锁电机和启动子网等组成，其结构如下图所示。

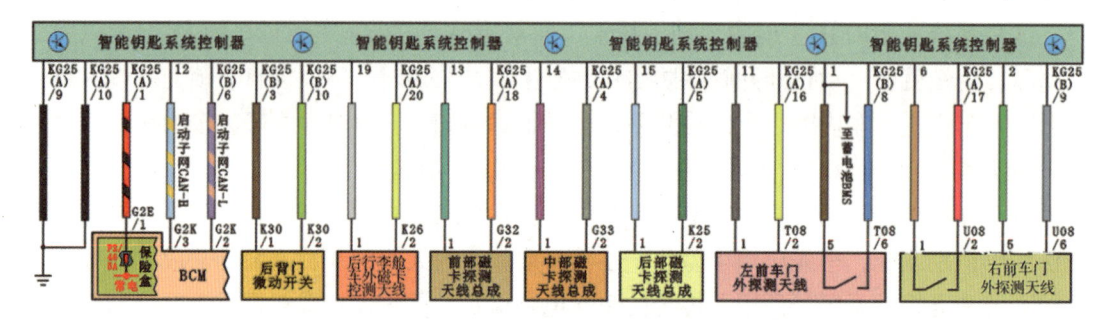

比亚迪秦 EV 电动汽车无钥匙进入系统的组成

二、比亚迪秦 EV 电动汽车无钥匙进入系统的工作原理

1. 解锁车门

当驾驶员解锁车门时，按下门把手上的微动开关，微动开关将信号先发送给智能钥匙系统控制器，智能钥匙系统控制器通过车门室内天线发送一个低频信号查找钥匙，如果是本车的智能钥匙，智能钥匙接收到智能钥匙系统控制器发来的低频信号，智能钥匙上的电源指示灯会闪烁，智能钥匙又向智能钥匙系统控制器发送一个高频信号，智能钥匙认证成功后，智能钥匙系统控制器通过启动子网向 BCM 发送解锁车门的信号，BCM 再控制门锁电机通电工作，解锁车门。

2. 闭锁车门

当驾驶员下车时，按下门把手上的微动开关，微动开关同样将信号先发送给智能钥匙系统控制器，智能钥匙系统控制器通过车门室内天线发送低频信号查找智能钥匙，如果是本车的智能钥匙，智能钥匙接收到智能钥匙系统发来的低频信号，智能钥匙上的电源指示灯会闪烁，智能钥匙又向智能钥匙系统控制器发送一个高频信号，智能钥匙认证成功后，智能钥匙系统控制器通过启动子网向 BCM 发送闭锁车门的信号，BCM 再控制门锁电机通电

工作，闭锁车门。

三、比亚迪秦EV电动汽车智能钥匙解/闭锁车门的工作原理

1. 解锁车门

当驾驶员解锁车门时，按下智能钥匙的开锁键，智能钥匙上的指示灯会闪烁，智能钥匙直接向智能钥匙系统控制器发送一个高频信号，智能钥匙认证成功后，智能钥匙系统控制器通过启动子网向BCM发送解锁车门的信号，BCM再控制门锁电机通电工作，解锁车门，此时不需要通过车门室内天线查找智能钥匙。

2. 闭锁车门

当驾驶员下车时，关闭点火开关，按下智能钥匙的闭锁键，智能钥匙上的指示灯会闪烁，智能钥匙向智能钥匙系统控制器发送一个高频信号，智能钥匙认证成功后，智能钥匙系统控制器通过启动子网向BCM发送闭锁车门的信号，BCM再控制门锁电机通电工作，闭锁车门，此时也不需要通过车门室内天线查找智能钥匙。

四、比亚迪秦EV电动汽车无钥匙进入系统常见的故障

如果无钥匙进入异常，但使用智能钥匙能够正常解锁所有车门，则可能的故障原因如下。

1. 车门微动开关故障。
2. 车门微动开关至智能钥匙系统控制器的线路故障。
3. 车门室内天线故障。
4. 智能钥匙系统控制器至车门室内天线的线路故障。

如果无钥匙进入异常，使用智能钥匙也无法解锁所有车门，则可能的故障原因如下。

1. 智能钥匙没电或自身故障。
2. 智能钥匙控制供电、接地故障。
3. 智能钥匙系统控制器的局部故障。
4. BCM局部故障。
5. 智能钥匙系统控制器与BCM之间的CAN总线故障。

3.3　比亚迪秦EV电动汽车低压上电的控制策略

【学习目标】

知识目标

1. 掌握比亚迪秦EV电动汽车低压上电的组成。
2. 掌握比亚迪秦EV电动汽车低压上电的工作原理。

能力目标

1. 具备安全操作基本常识。
2. 会使用检测设备。

素质目标

1. 树立安全第一的思想，注意个人安全、他人安全、设备安全。
2. 保持作业环境卫生，设备、设施干净整洁。
3. 具有安全规范操作意识，遇事临危不惧，遵守各项实训安全规定。

【知识链接】

一、比亚迪秦EV电动汽车低压上电的组成

比亚迪秦EV电动汽车低压上电由整车控制器、车身控制模块BCM、启动按键和IG3继电器等组成，其结构如下图所示。

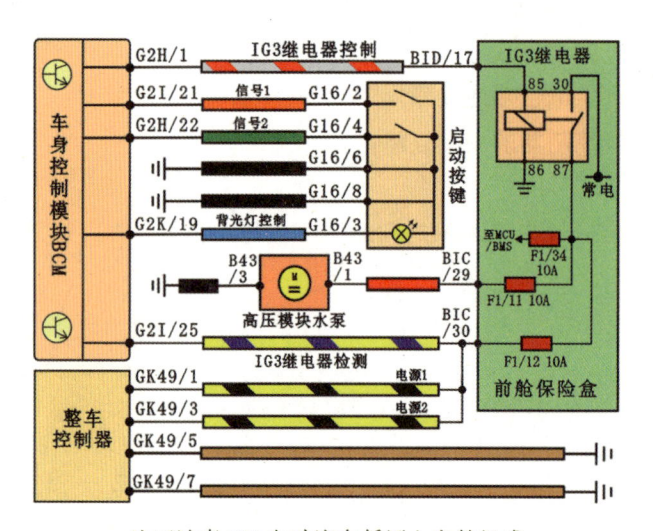

比亚迪秦EV电动汽车低压上电的组成

二、比亚迪秦EV电动汽车低压上电的控制策略

比亚迪秦EV电动汽车低压上电的条件必须满足踩下制动踏板，并按压点火开关，如果未踩下制动踏板，按压点火开关，仪表板上会提示"请踩下制动踏板"，踩下制动踏板后，智能钥匙电源指示灯闪烁。如果条件满足，则车身控制模块在接收到点火开关传来的点火信号后，首先通过启动子网与智能钥匙系统控制器通信，要求智能钥匙系统控制器认证智能钥匙的合法性，智能钥匙系统控制器会通过车内前端室内天线发送一个低频信号。当智能钥匙接收到室内天线发来的低频信号时，如果是本车的智能钥匙，则智能钥匙上的电源指示灯会闪烁，智能钥匙又向智能钥匙系统控制器发送一个高频信号，智能钥匙认证成功后，智能钥匙系统控制器通过启动子网向车身控制模块BCM发送低压上电的信号，BCM再控制IG3点火继电器工作，此时车辆仪表点亮。如果IG3点火继电器不工作，则低压无法上电，低压若不上电，高压也就无从上电，最终导致车辆无法行驶。

三、比亚迪秦EV电动汽车低压上电的常见故障

如果在无钥匙进入和使用智能钥匙解锁车门正常的情况下，无法启动车辆可能的原因有以下几种。

1. 点火开关自身故障。
2. 点火开关至BCM之间的线路故障。
3. 制动踏板自身故障。
4. 制动踏板至BCM之间的线路故障。
5. 车内前端室内天线故障。
6. IG3点火继电器自身故障。
7. IG3点火继电器供电、接地故障。
8. IG3点火继电器与BCM之间的线路故障。
9. BCM局部故障。

3.4　比亚迪秦EV无钥匙故障检修（一）电源故障

【学习目标】

❋ 知识目标

1. 掌握比亚迪秦EV电动汽车无钥匙进入系统的工作原理。
2. 掌握比亚迪秦EV电动汽车无钥匙进入系统电源故障诊断的方法。

✻ 能力目标

1. 具备安全操作基本常识。
2. 会使用检测设备。

✻ 素质目标

1. 树立安全第一的思想，注意个人安全、他人安全、设备安全。
2. 保持作业环境卫生，设备、设施干净整洁。
3. 具有安全规范操作意识，遇事临危不惧，遵守各项实训安全规定。

【知识链接】

一、故障现象

1. 钥匙进入、按下门把手上的微动开关，钥匙指示灯不闪烁；按压钥匙，钥匙指示灯闪烁，可以正常解锁车门。
2. 踩下制动踏板，钥匙指示灯不闪烁；按下一键启动开关，钥匙指示灯不闪烁，低压不上电，仪表板上同时提示"未检查到钥匙"，仪表板上的钥匙故障指示灯依然闪烁。

二、现象分析

按下门把手上的微动开关，钥匙指示灯不闪烁，说明"微动开关→智能钥匙系统控制器→室内天线→智能钥匙"工作异常，而微动开关、室内天线均有多个，同时损坏的概率不高，加上按压钥匙时，钥匙指示灯闪烁，车门可以正常解锁，这说明钥匙工作正常，可能原因在于智能钥匙系统控制器供电、接地故障或自身故障。

踩下制动踏板或按下一键启动开关时，钥匙指示灯不闪烁，说明"制动开关和一键启动开关→车身控制模块→智能钥匙系统控制器→室内天线→智能钥匙"工作异常。

综上所述，可能的故障原因如下。

1. 智能钥匙系统控制器供电、接地故障。
2. 智能钥匙系统控制器局部故障。

三、诊断过程

1. 按下钥匙或微动开关，用万用表测量智能钥匙系统控制器的KG25（A）/1端子与KG25（A）/9或KG25（A）/10端子之间的压差（或测量对地电压），正常应由12.7V变为12.33V，实测由12.53V变为12.1V，异常。
2. 按下钥匙或微动开关，用万用表测量智能钥匙系统控制器的KG25（A）/1端子对蓄电池负极电压，应由12.71V变为12.49V，实测由12.71V变为12.49V，正常。

3. 按下插接器用万用表测量智能钥匙系统控制器的KG25（A）/9或KG25（A）/10端子对蓄电池负极的电阻，应小于1Ω，实测为11Ω，说明接地线路虚接。

结论：智能钥匙系统控制器的KG25（A）/9或KG25（A）/10对地虚接10Ω。

四、机理分析

由于室内天线是大功率器件，当智能钥匙系统控制器接地线路虚接时，导致智能钥匙系统控制器供电电压降低，出现智能钥匙系统控制器与BCM通信异常，所以按下门把手微动开关时，BCM不能知晓智能钥匙认证结果，车门不解锁；而在按下一键启动开关时，智能钥匙系统控制器无法知晓一键启动开关已经打开，所以不会启动钥匙认证程序，造成车辆无法低压上电。

3.5　比亚迪秦EV无钥匙故障检修（二）室内天线故障

【学习目标】

知识目标

1. 掌握比亚迪秦EV电动汽车无钥匙进入系统的工作原理。
2. 掌握比亚迪秦EV电动汽车无钥匙进入系统室内天线故障诊断的方法。

能力目标

1. 具备安全操作基本常识。
2. 会使用检测设备。

素质目标

1. 树立安全第一的思想，注意个人安全、他人安全、设备安全。
2. 保持作业环境卫生，设备、设施干净整洁。
3. 具有安全规范操作意识，遇事临危不惧，遵守各项实训安全规定。

【知识链接】

一、故障现象

1. 按下门把手上的微动开关，钥匙指示灯不闪烁，无钥匙进入失效；按压钥匙，钥匙可开关车门，钥匙指示灯闪烁。

2. 踩下制动踏板，钥匙指示灯不闪烁；按下一键启动开关，钥匙指示灯不闪烁，低压不上电，仪表板上同时提示"未检查到钥匙"，仪表板上的钥匙故障指示灯依然闪烁。

二、现象分析

按下门把手上的微动开关，钥匙指示灯不闪烁，说明"微动开关→智能钥匙系统控制器→室内天线→智能钥匙"工作异常；按压钥匙时，钥匙指示灯闪烁，钥匙可开关车门，说明钥匙工作正常。

踩下制动踏板或按下一键启动开关时，钥匙指示灯不闪烁，说明"制动开关和一键启动开关→BCM→智能钥匙系统控制器→室内天线→智能钥匙"工作异常。

综上所述，可能的故障原因如下。

1. 微动开关故障。
2. 室内天线故障。
3. 智能钥匙系统控制器局部故障。

三、诊断过程

1. 按下钥匙或微动开关，用万用表测量智能钥匙系统控制器的KG25（A）/1端子与KG25（A）/9或KG25（A）/10端子之间的压差（或测量对地电压），正常应由12.7V变为12.33V，实测由12.7V变为12.33V，正常。

2. 按下微动开关，用万用表测量智能钥匙系统控制器的KG25（B）/1端子与KG25（A）/9或KG25（A）/10端子之间的压差（或测量对地电压），正常应由12.8V变为0V，实测由12.8V变为0V，正常。

3. 按下微动开关，用万用表测量智能钥匙系统控制器的KG25（B）/8端子与KG25（A）/9或KG25A/10端子之间的压差（或测量对地电压），正常为0V不变，实测为0V不变，正常。

4. 按下微动开关，用万用表测量智能钥匙系统控制器的KG25（A）/16端子与KG25（A）/9或KG25（A）/10端子之间的压差（或测量对地电压），正常应由0V变为3.8V，实测为0V不变，异常。

5. 断开智能钥匙系统控制器，用万用表测量线路KG25（A）/16端子对地阻值，正常应为无穷大，实测为6.5Ω，异常。

结论：智能钥匙系统控制器的KG25（A）/16端子对地短路。

四、机理分析

由于智能钥匙系统控制器的KG25（A）/16端子对地短路，导致智能钥匙系统控制器与室内天线通信异常，所以按下门把手上的动开关时，BCM不能知晓智能钥匙认证结果，车门不解锁。

3.6 比亚迪秦EV无钥匙故障检修（三）通信故障

【学习目标】

知识目标

1. 掌握比亚迪秦EV电动汽车无钥匙进入系统的工作原理。
2. 掌握比亚迪秦EV电动汽车无钥匙进入系统通信故障诊断的方法。

能力目标

1. 具备安全操作基本常识。
2. 会使用检测设备。

素质目标

1. 树立安全第一的思想，注意个人安全、他人安全、设备安全。
2. 保持作业环境卫生，设备、设施干净整洁。
3. 具有安全规范操作意识，遇事临危不惧，遵守各项实训安全规定。

【知识链接】

一、故障现象

无钥匙进入、智能钥匙均失效，但按下门把手上的微动开关时，智能钥匙指示灯闪烁正常，用机械钥匙可以正常解锁车门。

踩下制动踏板，钥匙指示灯不闪烁；按下一键启动开关，钥匙指示灯不闪烁，低压不上电，仪表板上同时提示"未检测到钥匙"，仪表板上的钥匙故障指示灯依然闪烁。

二、现象分析

按下门把手上的微动开关，车辆没有任何反应，说明"微动开关→智能钥匙系统控制器→室内天线→智能钥匙→BCM→中控门锁和危险警报灯"工作异常；但钥匙指示灯闪烁，说明"微动开关→智能钥匙系统控制器→室内天线→智能钥匙"工作正常；结合中控门锁和危险警报灯同时损坏的概率不高，说明"智能钥匙系统控制器→BCM"工作异常。

踩下制动踏板或按下一键启动开关时，钥匙指示灯不闪烁，说明"制动开关或一键启动开关→BCM→智能钥匙系统控制器→室内天线→智能钥匙"工作异常。

综上所述，可能的故障原因如下。

1. 智能钥匙系统控制器与BCM之间的线路故障。
2. 智能钥匙系统控制器局部故障。
3. BCM局部故障。

三、诊断过程

1. 按下微动开关，用示波器测量智能钥匙系统控制器的KG25（B）/6端子与KG25（B）/12端子对地波形，正常波形CAN-H线低电平为2.5V，高电平为3.5V；CAN-L线低电平为1.5V，高压平为2.5V；CAN-H线与CAN-L线信号互为镜像。而实测波形CAN-H和CAN-L均为2.5V的直线，这说明CAN-H与CAN-L两根信号线可能互短。

2. 断开蓄电池负极，用万用表测量KG25（B）/6端子与KG25（B）/12端子之间的阻值，正常为无穷大，实测为1.2Ω，异常。

结论：智能钥匙系统控制器的CAN-H与CAN-L短路故障。

四、机理分析

由于智能钥匙系统控制器的CAN-H与CAN-L互短，导致智能钥匙系统控制器与BCM通信异常，所以操作遥控器时，BCM不能知晓智能钥匙认证结果，车门不解锁；而在按下一键启动开关时，智能钥匙系统控制器无法知晓一键启动开关已经打开，所以检测不到钥匙。

3.7 比亚迪秦EV电动汽车一键启动开关控制线路故障诊断

【学习目标】

知识目标

1. 掌握比亚迪秦EV电动汽车启动系统的工作原理。
2. 掌握比亚迪秦EV电动汽车一键启动开关控制线路故障诊断的方法。

❋ 能力目标

1. 具备安全操作基本常识。
2. 会使用检测设备。

❋ 素质目标

1. 树立安全第一的思想，注意个人安全、他人安全、设备安全。
2. 保持作业环境卫生，设备、设施干净整洁。
3. 具有安全规范操作意识，遇事临危不惧，遵守各项实训安全规定。

【知识链接】

一、故障现象

无钥匙进入功能正常；踩下制动踏板，钥匙指示灯正常闪烁。

按下一键启动开关，仪表不亮，低压无法上电，仪表板上的钥匙故障指示灯依然闪烁。

松开制动踏板，单独按下一键启动开关，钥匙指示灯不闪烁。

二、现象分析

踩下制动踏板时钥匙闪烁，说明"制动开关→BCM→智能钥匙系统控制器→室内天线→智能钥匙"工作正常；而单独按下一键启动开关时钥匙不能闪烁，说明"启动开关→BCM→智能钥匙系统控制器→室内天线→智能钥匙"工作异常，两者比对，说明BCM没有接收到正确的启动开关信号。

综上所述，可能的故障原因如下。

1. 一键启动开关自身故障。
2. 一键启动开关线路故障。
3. BCM局部故障。

三、诊断过程

1. 按下一键启动开关，用万用表测量BCM的G2I/21、G2H/22对地电压，正常为12.3→0V，实测G2I/21、G2I/22为12.3V不变，异常。

2. 按下一键启动开关，用万用表测量一键启动开关的G16/4、G16/2对地电压，正常为12.3→0V，实测为12.3V不变，异常。

3. 按下一键启动开关，用万用表测量一键启动开关的G16/6、G16/8对地电压，正常为0V不变，实测为12.3不变，说明启动开关搭铁线路断路。

4. 断开一键启动开关的连接器，用万用表测量其G16/6或G16/8的对地阻值，正常为0Ω；实测为无穷大，说明启动开关搭铁线路断路。

结论：一键启动开关接地线路断路。

四、机理分析

由于一键启动开关接地线路断路，导致BCM无法收到正常的启动信号，所以不会启动低压上电流程。

3.8　比亚迪秦 EV 电动汽车制动开关控制线路故障诊断

【学习目标】

✿ 知识目标

1. 掌握比亚迪秦EV电动汽车启动系统的工作原理。
2. 掌握比亚迪秦EV电动汽车制动开关控制线路故障诊断的方法。

✿ 能力目标

1. 具备安全操作基本常识。
2. 会使用检测设备。

✿ 素质目标

1. 树立安全第一的思想，注意个人安全、他人安全、设备安全。
2. 保持作业环境卫生，设备、设施干净整洁。
3. 具有安全规范操作意识，遇事临危不惧，遵守各项实训安全规定。

【知识链接】

一、故障现象

无钥匙进入功能正常；踩下制动踏板，钥匙指示灯不闪烁；按下一键启动开关，钥匙指示灯闪烁，仪表板上提示"请踩下制动踏板"，低压无法上电。

二、现象分析

踩下制动踏板时钥匙指示灯不闪烁，说明"制动开关→BCM→智能钥匙系统控制器→室内天线→智能钥匙"工作异常；而按下一键启动开关，钥匙指示灯闪烁，这说明"一键启动开关→BCM→智能钥匙系统控制器→室内天线→智能钥匙"工作正常。

综上所述，可能的故障原因如下。

1. 制动踏板自身故障。
2. 制动踏板供电、接地故障。
3. 制动踏板控制线路故障。
4. BCM局部故障。

三、诊断过程

1. 按下制动踏板，用万用表测量BCM的G2E/11对地电压，正常为0V→+BV变化，实测G2I/11为0V不变，异常。

2. 踩下制动踏板，用万用表测量制动踏板的G28/3对地电压，正常为0V→+B变化，实测为0～12.56V，正常。

3. 踩下制动踏板，用万用表测量整车控制器的GK49/15对地电压，正常为0V→+B变化，实测为0～12.56V，正常。

4. 断开蓄电池负极，用万用表测量其G2E/11与SP1822连接节之间的电阻，正常为<1Ω，实测为无穷大，说明制动踏板开关控制线路断路。

结论：制动踏板开关控制线路断路。

四、机理分析

由于制动踏板开关控制线路断路，导致BCM无法接收到踩下制动踏板的信号，所以不满足电动汽车低压上电条件，导致电动汽车不会低压上电。

项目四 车辆无法上电故障诊断与排除

项目概述

车辆无法上电包括低压系统和高压系统，不同车型有不同的控制逻辑，首先我们要掌握所诊断和排除故障车型的高、低压上电原理，为了掌握车辆无法上电故障诊断与排除维修方法，必须了解车辆高、低压系统的组成，掌握其工作原理、控制电路及其检测维修方法，才能对车辆无法上电的故障进行诊断与排除。

本项目包含了11个基本学习任务，即比亚迪秦EV低压电源系统的认识、比亚迪秦EV低压上电原理、比亚迪秦EV低压无法上电故障检修（一至三）、比亚迪秦EV高压上下电控制策略、比亚迪秦EV高压无法上电故障检测（一至五）。

通过本项目的学习，你要在知识、技能、行为习惯等方面达到以下相关要求：

序号	学习内容（知识、技能、行为习惯、职业素养）	评价标准			
		了解知道	理解掌握	指导下操作	独立操作
1	安全规范的操作				√
2	实训室、学习环境整洁有序				√
3	团队合作学习、积极思考				√
4	工具的正确选择和使用				√
5	熟悉电动汽车高、低压系统的组成			√	
6	掌握比亚迪秦EV低压上电原理			√	
7	掌握比亚迪秦EV低压无法上电的故障诊断与排除			√	
8	掌握比亚迪秦EV高压上下电控制策略			√	
9	掌握比亚迪秦EV高压无法上电的故障诊断与排除			√	
10	熟练掌握检测仪器、仪表的使用方法				√
11	熟练维修手册和电路图的查阅				√

4.1 新能源汽车低压电源系统的认识

【学习目标】

✿ 知识目标

1. 熟悉新能源汽车低压电源系统与传统汽车的区别。
2. 知道新能源汽车低压电源的特点。
3. 知道新能源汽车低压蓄电池的特点。
4. 知道DC-DC转换器的功能和原理。

✿ 能力目标

1. 能说出新能源汽车低压电源系统与传统汽车的区别。
2. 能说出新能源汽车低压蓄电池的特点。

✿ 素质目标

1. 培养学生克服困难的意志品质，并树立其爱学习、爱动手的好习惯。
2. 让学生养成乐于合作、积极向上的意志品质。

【知识链接】

一、新能源汽车低压电源系统与传统汽车的区别

传统的燃油汽车的电源是蓄电池和发电机，发动机未启动或启动时由蓄电池供电，启动以后则由发电机供电，同时为蓄电池充电。

新能源汽车低压电源供给是将动力电池的电能通过DC-DC转换器转换为12V低压电源，为车载12V蓄电池和车身电气部件提供工作电源；常规车身电气部件包括灯光、中控门锁、信息娱乐系统、电动门窗等。

传统燃油汽车的交流发电机利用发动机的运转发电，发出的电提供给用电器并为蓄电池充电。

新能源汽车采用DC-DC转换器之后，可省去交流发电机。纯电动汽车的动力电池容量很大。因此以动力电池为电源，能够利用DC-DC转换器为低压蓄电池充电，从而可以省去原来的交流发电机，右图是纯电动汽车DC-DC转换器为蓄电池充电示意图。

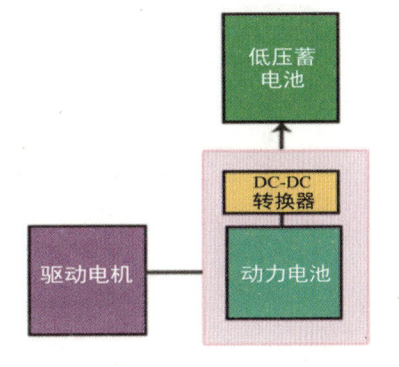

DC-DC转换器为蓄电池充电示意图

二、新能源汽车低压电源的特点

1. 纯电动汽车电源的特点

纯电动汽车的电源分为主电源和辅助电源。主电源为驱动汽车行驶的高压电源；辅助电源（低压的铅酸蓄电池）是为车载各种仪表、控制系统提供的直流低压电源。纯电动汽车电源模块是整个系统稳定运行的保障。电源的可靠性对于整个系统的性能起着至关重要的作用。纯电动汽车设计和选择电源时要考虑配电方案、布局、接地回路等，以实现对负载良好的供电，达到高电压调整精度、低噪声，同时避免系统中电路之间的干扰、振荡，以及过热等问题的出现。以北汽新能源纯电动汽车为例，其研制设计DC-DC转换器辅助电源模块，分别为3个电路模块供电。

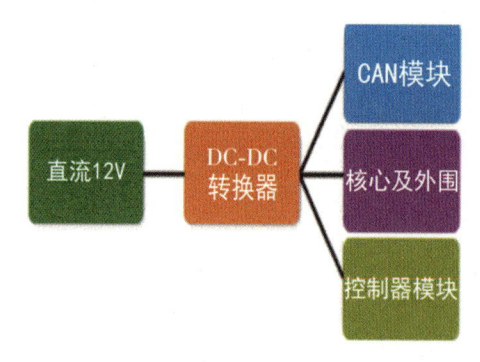

辅助电源 DC-DC 转换器模块框图

2. 混合动力汽车电源的特点

部分混合动力汽车的发动机保留了发电机低压电气系统由12V蓄电池、DC-DC转换器和发电机3个电源共同提供，下图是比亚迪秦混合动力汽车的低压电源系统。

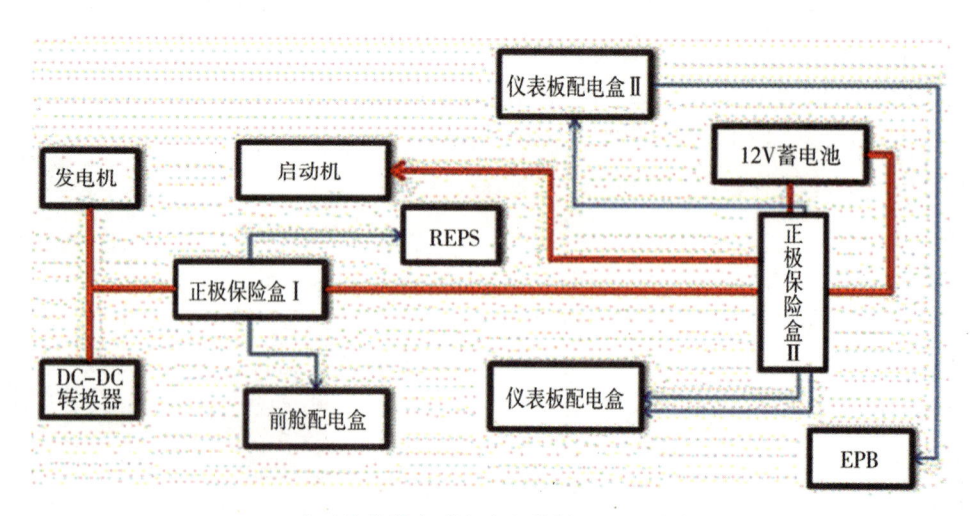

比亚迪秦混合动力汽车的低压电源系统

三、新能源汽车低压蓄电池的特点

1. 新能源汽车保留低压蓄电池的原因

混合动力汽车和纯电动汽车理论上也可以省去低压蓄电池（简称蓄电池），但实际还是保留了蓄电池。这样做有两个主要原因：一是保留蓄电池更能够降低车辆的成本；二是确保电源的冗余度。

蓄电池能在短时间内向空调、刮水器及车灯等释放大电流。如果省去蓄电池而将高压动力电池的电力用于空调及刮水器等，则DC-DC转换器的尺寸势必就要增大，从而使整体成本增加。蓄电池价格便宜，因此目前将蓄电池取消还没有成本上的优势。

蓄电池还具有确保向辅助类电器供电的冗余度的作用。DC-DC转换器出现故障停止供电时，如果没有蓄电池，辅助类电器就会立即停止运行。如夜间车灯不亮，雨天雨刷停止运行等，就会影响行车安全。如果有蓄电池，就能够平安地将汽车就近开到家里或者工厂。

2. 低压蓄电池的类型

无论是传统汽车、混合动力汽车，还是纯电动汽车，都离不开蓄电池。蓄电池是将化学能直接转化为电能的一种装置，并且可以通过可逆的化学反应实现再充电。蓄电池已有100多年的历史，广泛用作内燃机汽车的启动动力电源。蓄电池也是成熟的电动汽车动力电源，它的可靠性好、原材料易得、价格便宜；比功率也基本上能满足电动汽车的动力性要求。但蓄电池有两大缺点：一是比能量低，质量和体积太大，且一次充电行驶里程较短；二是使用寿命短，使用成本高。

常用的12V低压蓄电池主要分为4类，分别为普通蓄电池、干荷蓄电池、湿荷蓄电池和免维护蓄电池。到目前为止，汽车上使用的基本上都是免维护的铅酸蓄电池，由6个铅酸蓄电池单体（2V）串联成12V的电池组，如下图所示。

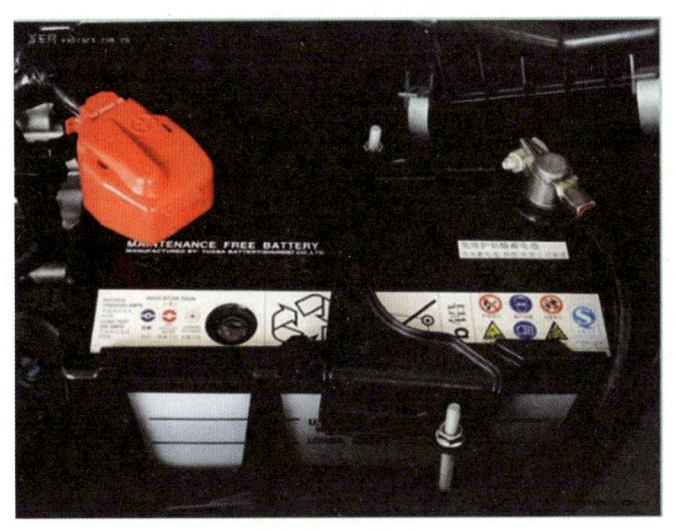

免维护的铅酸蓄电池

铅酸蓄电池采用填满海绵状铅的铅基板栅（又称格子体）作为负极，填满二氧化铅的铅基板栅作为正极，并用密度在1.26~1.33g/ml的稀硫酸作为电解质。铅酸蓄电池在放电时，金属铅是负极，发生氧化反应，生成硫酸铅；氧化铅是正极，发生还原反应，生成硫酸铅。铅酸蓄电池能反复充电、放电，在用直流电充电时，两极分别生成单质铅和二氧化铅。移去电源后，又恢复到放电前的状态，组成化学电池。

3. 新能源汽车低压蓄电池的特点

新能源汽车，特别是纯电动汽车，12V低压蓄电池不需要给启动机提供启动时的大电流，容量变小，此外，结构和类型也与传统汽车有所区别。比亚迪秦12V蓄电池与传统汽车用的蓄电池的主要区别如下。

（1）用于发动机的启动正极与其他用电器的供电正极分开了。

（2）蓄电池内部具有智能控制模块BMS。

（3）用于对蓄电池进行智能控制。例如，当蓄电池电压低时，关闭多媒体系统的电源。下图是比亚迪秦12V蓄电池的外形。

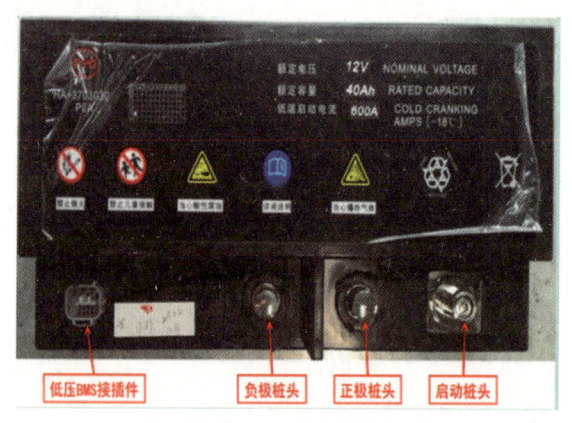

比亚迪秦 12V 蓄电池的外形

四、DC-DC 转换器的功能和原理

1. DC-DC 转换器的功能

DC-DC转换器是新能源汽车一个非常重要的部件，如下图所示。DC-DC转换器将一个不受控制的输入直流电压转换为另一个受控的输出直流电压，我们称之为DC-DC转换。目前，DC-DC转换器在计算机、航空、航天、水下行器、汽车、通信及电视等领域得到了广泛的应用，同时这些应用也促进了DC-DC转换技术的进一步发展。

DC-DC转换器在汽车上的应用可以这么理解，在传统的燃油汽车中，装了个发电机来给车上的设备供电，那么新能源汽车中的这个DC-DC转换器就是取代了传统燃油汽车中的发电机，将动力电池的高压直流电转化为整车低压12V直流电，给整车用电系统供电及铅酸蓄电池充电。

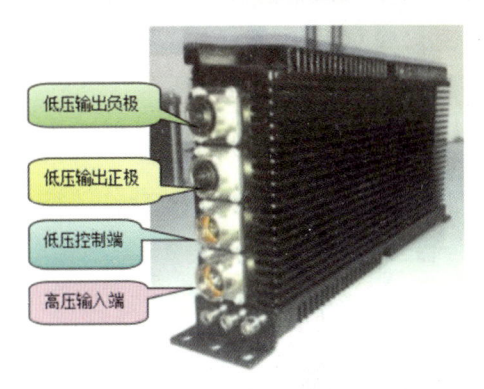

DC-DC 转换器

2. DC-DC 转换器的类型

目前在新能源汽车中DC-DC转换器有以下3种类型。

（1）高低压转换器（辅助功率模块）。

此模块的主要作用是取代传统燃油汽车的12V发电机，在混合动力车辆里，发动机输出的动力直接驱动高压继电器给电池系统补充电力，传统的12V的用电负荷就完全依靠DC-DC转换器供给，功率范围为1～2.2kW。

（2）12V电压稳定器。

12V电压稳定器主要用在部分启停start-stop系统，在启动过程中避免电压波动对一些敏感的负载造成影响或损坏，例如，用户可见的负载、车内照明，以及收音机和显示屏等，12V电压稳压器的功率等级由用电器负荷而定，一般在200～400W之间。

（3）高压升压器。

为了提高动力系统的效率，选用一个高压升压器来提高逆变输入的电压，这个部件是动力总成的一部分，集成在动力总成中。如果采用锂电池作为动力电池，则高压升压器是一个十分重要的部件。

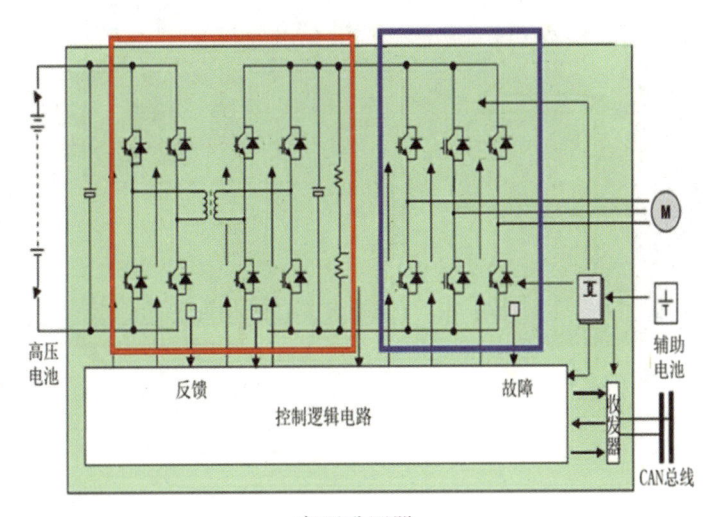

高压升压器

3. 典型车型的DC-DC转换器

（1）比亚迪DC-DC转换器。

比亚迪E6的DC-DC转换器主要用于降压和升压控制，安装在前机舱内，其位置和接口连接关系如下图所示。

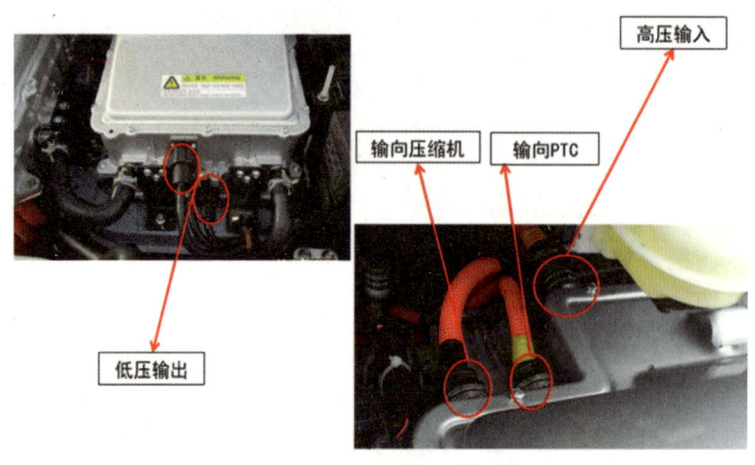

比亚迪E6的DC-DC转换器位置和接口连接关系

① 降压。负责将动力电池318V的高压电转换成12V电源。DC-DC转换器在主接触器吸合时工作，输出的12V电源供给整车用电器工作，并且在低压电池亏电时给低压电池充电。

② 升压。当动力电池电量不足时，DC-DC转换器将发电机发出的电量，供整车低压用电器用电后多余的电量升压后给动力电池充电及空调用电。

比亚迪秦混合动力汽车DC-DC转换器与驱动电机控制器安装在一起，其位置和接口连接关系如下图所示。

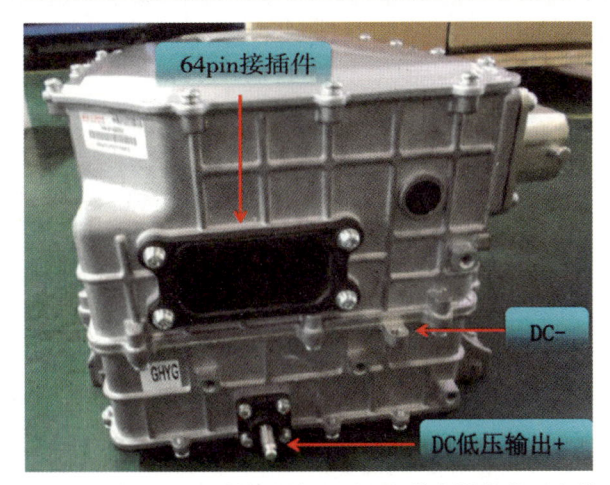

比亚迪秦混合动力汽车 DC-DC 转换器与驱动电机控制器的位置和接口连接关系

① 在纯电模式下，DC-DC转换器的功能替代了传统燃油汽车挂接在发动机上的12V发电机，和蓄电池并联给各用电器提供低压电源。DC-DC转换器在高压（500V）输入端接触器吸合后便开始工作，输出电压标称为13.5V。

② 发动机启动发电机发出13.5V直流电，经过DC-DC转换器升压转换成500V直流电给动力电池充电。下图是DC-DC转换器的控制原理框图。

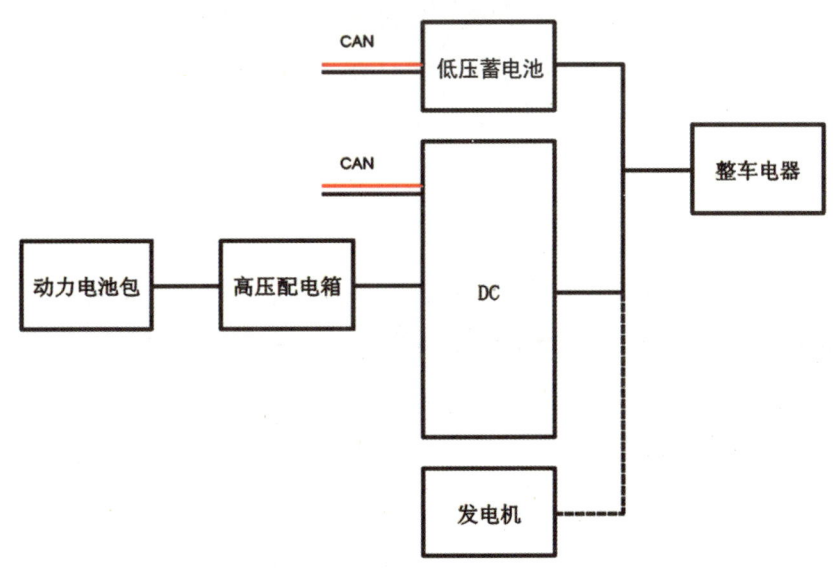

DC-DC 转换器的控制原理框图

（2）丰田普锐斯DC-DC转换器。

普锐斯混合动力汽车的DC-DC转换器内置于变频器中，并用一个内部控制线路操控。高压从一侧与内部控制线路连接，内部控制线路控制晶体管。12V直流电的输出直接给备用电池充电，在备用电池短路时保护DC-DC转换器，该转换器可以通过输出端子测量实际输出电压的一个反馈信号。

其基本工作过程与原理如下图所示。

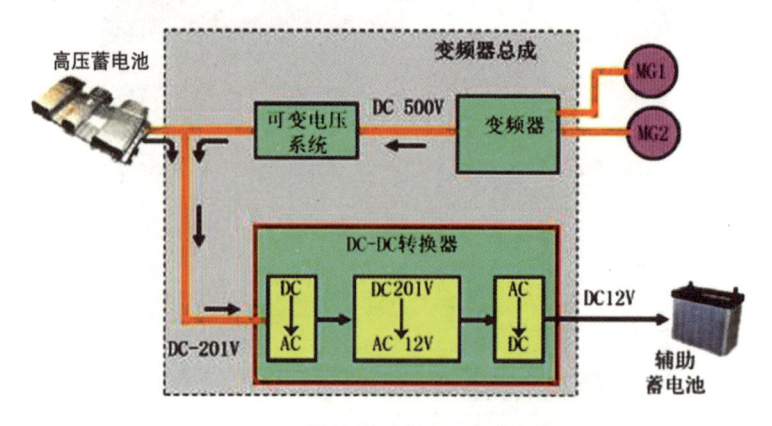

DC-DC 转换器工作过程示意图

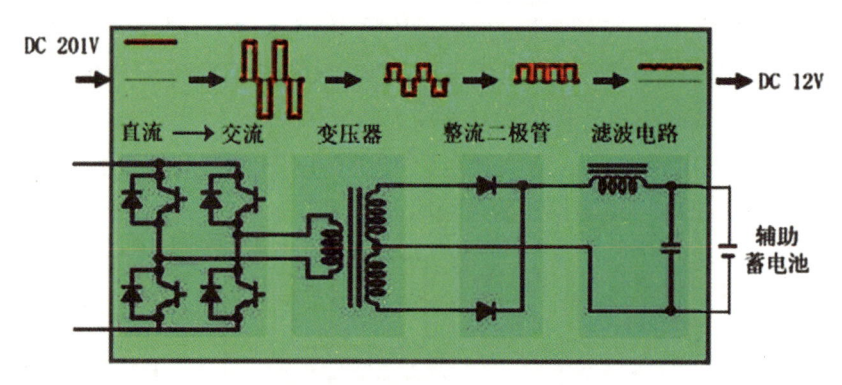

DC-DC 转换器工作原理示意图

4.2 比亚迪秦 EV 低压上电原理

【学习目标】

知识目标

1. 熟悉比亚迪秦EV低压系统。
2. 知道低压上电的工作原理。

能力目标

1. 会分析低压不上电的常见故障。
2. 能说出低压不上电的可能原因。

✂ 素质目标

1. 培养学生克服困难的意志品质，并树立其爱学习、爱思考的好习惯。
2. 让学生养成乐于合作、积极向上的意志品质。

【知识链接】

一、比亚迪秦 EV 低压系统

比亚迪秦EV低压系统由智能钥匙控制器（IK）、电源分配盒及车身控制器（MICU）仪表板、整车控制器（VCU）、电机控制器（MCU）、BMS、充配电总成等组成，主要围绕 VCU 展开，与电机控制器、BMS、充配电总成等通过CAN总线进行通信。

二、低压上电的工作原理

1. 钥匙认证

当驾驶员踩下制动踏板时，制动开关将信号输送给BCM，BCM据此判定车辆钥匙认证；BCM将上电信息通过启动CAN发送至智能钥匙系统控制器，智能钥匙系统控制器通过驾驶室内的前部、中部、后部室内天线发送LF低频信号（125kHz）至驾驶室内区域查找钥匙；智能钥匙接收到这个低频信号后，发送HF高频信号（434MHz）回应，智能钥匙系统控制器内置的高频接收模块对接收到的带有防盗代码信息的数据信号进行解析，并验证其有效性。如果智能钥匙数据信息正确有效，则钥匙认证就算通过。

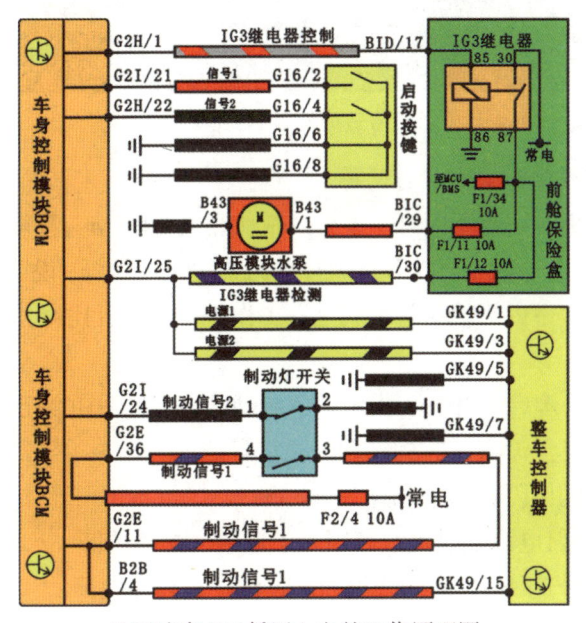

比亚迪秦 EV 低压上电的工作原理图

2. 模块认证

按下一键启动开关后，该开关将信号输送给BCM，BCM据此判定需要进行整车低压、高压上电，随即接通IG3继电器，进行低压上电，VCU、BMS、电机控制器接收到由IG3继电器提供的点火开关信号后被唤醒；VCU首先通过动力CAN发送自身身份认证信息至网关控制器，网关控制器将接收到速率为500kb/s的身份认证信息转换为速率为125kb/s的身份认证信息，通过舒适1CAN发送至BCM，BCM接收到此身份认证信息后进行身份认证，并将认证结果通过启动CAN发送至智能钥匙系统控制器。在车辆上电阶段，VCU根据车辆的认证信息、热管理信息，以及真空压力传感器、挡位、车速、动力蓄电池 SOC、加速踏板位置传感器、制动开关、温度等参数来决定车辆是否可以上电。

三、低压不上电的常见故障的分析

1. 第一种故障现象

无钥匙进入正常；打开车门进入车内，点火开关背景灯正常点亮；踩下制动踏板并保持，钥匙指示灯不能正常闪烁，尾部制动灯或亮或不亮（根据故障设置部位决定）；接着按下一键启动开关，钥匙指示灯闪烁，但车辆仪表不能正常点亮，同时仪表板中部提示"启动时，踩下制动踏板，同时按下启动按钮，待OK灯点亮后可挂挡行驶"，如下图所示。

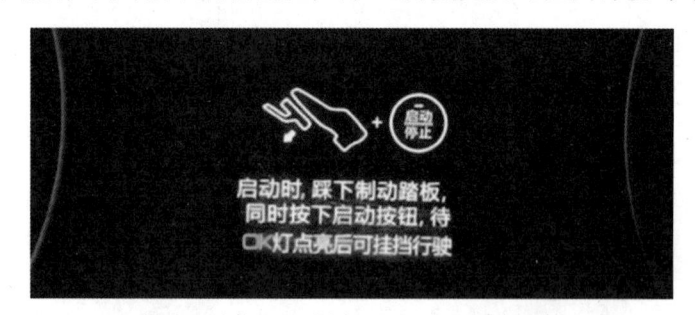

制动开关信号造成低压不上电的故障现象

结合钥匙认证流程分析，方法有两种。

（1）踩下制动踏板时钥匙不闪烁，说明"制动开关→BCM→智能钥匙系统控制器→室内天线→智能钥匙"工作异常；而打开点火开关时钥匙出现闪烁，说明"启动开关→BCM→智能钥匙系统控制器→室内天线→智能钥匙"工作正常，两者比对，说明BCM没有接收到正确的制动开关信号。

（2）仪表在按下一键启动开关后提示踩下制动踏板，说明BCM已接收到来自一键启动开关的启动信号电压，但没有接收到制动开关信号。

综上所述，可能的原因有以下几种。

（1）制动开关信号1电源及供电线路断路、虚接、短路故障。

（2）制动开关信号1至BCM间的线路断路、虚接、短路故障。

（3）制动开关信号2接地线路断路、虚接故障。

（4）制动开关信号2至BCM间的线路断路、虚接、短路故障。

（5）制动开关自身内部触点故障。

2. 第二种故障现象

无钥匙进入正常；打开车门进入车内，点火开关背景灯正常点亮；踩下制动踏板并保持，钥匙指示灯没有正常闪烁；释放制动踏板，接着按下一键启动开关，钥匙指示灯也没有正常闪烁；踩住制动踏板，同时按下一键启动开关，车辆仪表不能正常点亮，但仪表板中部提示"未检测到钥匙，请将钥匙靠近射频读卡器后启动车辆"，如下图所示，整车低压和高压不上电，车辆无法行驶。

智能钥匙系统控制器造成低压不上电的故障现象

结合钥匙认证流程分析，在踩下制动踏板、按下一键启动开关时，钥匙指示灯均没有闪烁，说明"制动开关→BCM→智能钥匙系统控制器→室内天线→智能钥匙"和"启动开关→BCM→智能钥匙系统控制器→室内天线→智能钥匙"均工作异常，综合其中的共同部分，说明BCM、智能钥匙系统控制器、室内天线、智能钥匙均可能存在故障。

在踩住制动踏板、打开点火开关时，仪表提示"未检测到钥匙，请将钥匙靠近射频读卡器后启动车辆"，说明在上电过程中BCM已检测到制动踏板信号和一键启动开关信号，并且将制动踏板信号输送给了智能钥匙系统控制器，只是始终没有接收到钥匙认证通过的信息，说明BCM、智能钥匙系统控制器、室内天线、智能钥匙均可能存在故障。但由于无钥匙进入正常，说明钥匙自身、智能钥匙系统控制器、BCM不存在问题，综合比较，说明造成该现象的故障原因有以下几种。

（1）钥匙不在车内或钥匙距离车辆探测室内天线过远。

（2）车辆内部（前部、中部、后部）探测室内天线自身及线路断路、虚接、短路故障。

（3）智能钥匙系统控制器局部故障。

（4）车内信号干扰。

4.3　比亚迪秦EV低压无法上电故障检修（一）

【学习目标】

✿ 知识目标

1. 知道比亚迪秦EV智能钥匙模块电源电路。
2. 知道比亚迪秦EV智能钥匙模块电源电路的检测方法。

✿ 能力目标

1. 会查阅维修手册和分析电路图。
2. 能正确地使用仪器检测仪表，并会分析检测结果。
3. 会书写诊断报告。

✿ 素质目标

1. 树立安全第一的思想，注意个人安全、他人安全、设备安全。
2. 保持作业环境卫生，设备、设施干净整洁。
3. 严格执行车间7S管理规范。

【知识链接】

一、故障现象

（1）无钥匙进入、智能钥匙均失效；按下门把手上的微动开关，钥匙指示灯不闪烁；按压智能钥匙，钥匙指示灯闪烁；用机械钥匙可以正常解锁车门。

（2）踩下制动踏板，钥匙指示灯不闪烁；按下一键启动开关，钥匙指示灯不闪烁，低压不上电，仪表板上同时提示"未检查到钥匙"，仪表板上的钥匙故障指示灯依然闪烁。

（3）读取故障代码：车身控制器模块中的U021487与智能钥匙失去通信。

二、现象分析

（1）按下门把手上的微动开关，钥匙指示灯不闪烁，说明"微动开关→智能钥匙系统控制器→室内天线→智能钥匙"工作异常。而微动开关、室内天线均有多个，同时损坏的概率不高，加上按下智能钥匙时，钥匙指示灯闪烁，说明钥匙指示灯电路工作正常。可能的原因在于智能钥匙系统控制器自身故障或者智能钥匙故障。比亚迪EV智能钥匙系统电路图如下图所示。

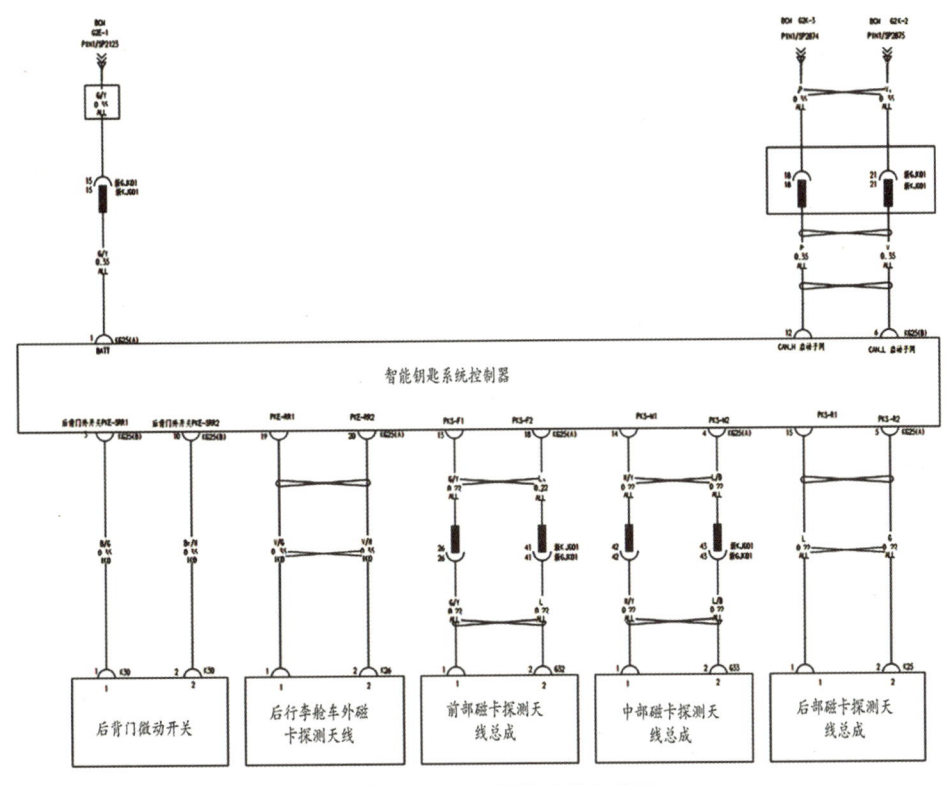

比亚迪秦EV智能钥匙系统电路图

（2）踩下制动踏板或按下一键启动开关时，钥匙指示灯均不闪烁，说明"制动开关和一键启动开关→BCM→智能钥匙系统控制器→室内天线→智能钥匙"工作异常。

（3）基于故障代码，说明解码器可访问BCM，但BCM无法和智能钥匙系统控制器通信。综合以上多种分析，故障极可能为智能钥匙系统控制器工作异常，可能的原因如下。

（1）智能钥匙系统控制器自身故障。

（2）智能钥匙系统控制器供电、接地故障。

三、诊断过程

（1）按下智能钥匙或微动开关，用万用表测量智能钥匙系统控制器的KG25（A）/1端子与KG25（A）/11或KG25（A）/10端子之间的压差（或测量对地电压），应为+B，实测为0V，异常。

（2）按下智能钥匙或微动开关，用万用表测量F2/46两端电压，正常均为+B，实测一端为+B，另一端为0V，说明F2/46损坏。

（3）拔下保险丝F2/46，目视或用万用表测量其

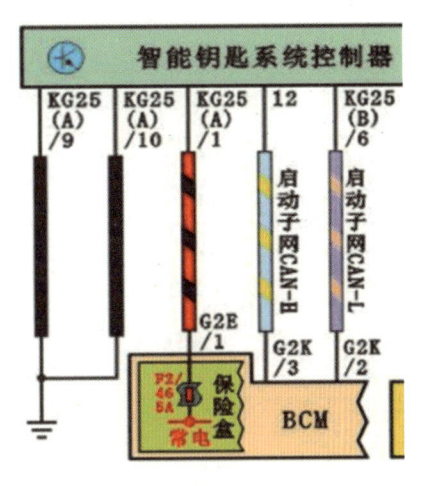

比亚迪秦EV无钥匙进入系统电源电路图

电阻，实测为无穷大，说明保险丝损坏。

（4）拔下插接器，测量F2/46下游线路对地电阻，实测为无穷大，正常。

（5）排除智能钥匙系统控制器的供电线路断路故障，系统恢复正常。

四、故障机理分析

由于智能钥匙系统控制器的供电线路断路，导致智能钥匙系统控制器与BCM通信异常，所以操作智能钥匙时，BCM不能知晓智能钥匙认证结果，车门不解锁；而在按下一键启动开关时，智能钥匙系统控制器无法知晓一键启动开关已经打开，所以不会启动钥匙认证程序，造成车辆无法低压上电。

【实训操作】

一、实训准备

1. 工作场景：实训车间。
2. 工作器材：比亚迪秦EV整车、维修手册、汽车诊断仪、高压安全防护用具、工具车。

二、实训内容

1. 正确使用安全防护用具。
2. 正确查阅维修手册及电路图。
3. 在实训车辆上安全规范地进行检测诊断。
4. 排除车辆故障。
5. 书写实训报告。

【学习评价表】

评价内容	配分	序号	具体指标	分值	得分 自评	得分 组评	得分 师评
作业准备	15	1	防护服、绝缘手套等安全防护用具的正确穿戴和安装	5			
		2	了解比亚迪秦EV智能钥匙模块电源电路原理	5			
		3	准备好所需的工具、仪器并确保能正常使用	5			
工作安全	25	4	不违章作业	5			
		5	遵守作业程序	5			
		6	无人员受伤或设备损伤	5			
		7	遵守工作制度	5			
		8	发现问题及时报告	5			
工作过程	35	9	正确使用安全防护用具	5			
		10	能够规范正确地使用汽车诊断仪、万用表	5			
		11	会查阅维修手册和电路图	5			
		12	会分析检测结果	5			
		13	会书写诊断报告	15			
职业素养	25	14	遵守规章制度	5			
		15	作业规范	5			
		16	流程正确	5			
		17	结果分析正确	5			
		18	工作效率高	5			
综合得分				100			

4.4　比亚迪秦EV低压无法上电故障检修（二）

【学习目标】

知识目标

1. 知道比亚迪秦EV智能钥匙模块与BCM通信电路。
2. 知道比亚迪秦EV智能钥匙模块与BCM通信电路的检测方法。

— 83 —

✼ 能力目标

1. 会查阅维修手册和分析电路图。
2. 能正确地使用仪器检测仪表,并会分析检测结果。
3. 会书写诊断报告。

✼ 素质目标

1. 树立安全第一的思想,注意个人安全、他人安全、设备安全。
2. 保持作业环境卫生,设备、设施干净整洁。
3. 严格执行车间7S管理规范。

【知识链接】

一、故障现象

(1)无钥匙进入、智能钥匙均失效,但按下门把手上的微动开关时,钥匙指示灯闪烁正常,用机械钥匙可以正常解锁车门。

(2)踩下制动踏板,钥匙指示灯不闪烁;按下一键启动开关,钥匙指示灯不闪烁,低压不上电,仪表板上同时提示"未检查到钥匙",仪表板上的钥匙故障指示灯依然闪烁。

(3)读取故障代码:车身控制器模块中的U021487与智能钥匙失去通信。

二、现象分析

(1)按下门把手上的微动开关,车辆没有任何反应(包括中控门锁、危险警报灯、仪表等),说明"微动开关→智能钥匙系统控制器→室内天线→智能钥匙→智能钥匙系统控制器→BCM→中控门锁和危险警报灯"工作异常;但钥匙指示灯闪烁,说明"微动开关→智能钥匙系统控制器→室内天线→智能钥匙"工作正常,加上中控门锁同时损坏的概率不高,所以造成"无钥匙进入、智能钥匙均失效,但按下微动开关时钥匙指示灯闪烁正常"的故障原因可能为"智能钥匙→智能钥匙系统控制器→BCM"工作异常。

(2)当踩下制动踏板或按下一键启动开关时,钥匙指示灯均不闪烁,说明"制动开关和一键启动开关→BCM→智能钥匙系统控制器→室内天线→智能钥匙"工作异常。

(3)基于故障代码,说明解码器可访问BCM,但BCM无法和智能钥匙系统控制器通信。

综合以上3种分析的共同点,确定BCM无法和智能钥匙系统控制器通信,可能的原因如下。

(1)智能钥匙系统控制器内部故障。

(2)智能钥匙系统控制器与BCM之间的线路故障。

(3)BCM内部故障。

三、诊断过程

（1）交替按下一键启动开关和智能钥匙的开锁、闭锁开关，用示波器测量BCM的G2K/2、G2K/3分别对地信号的波形，标准波形和实测波形如下图所示，说明CAN-L总线可能存在虚接。

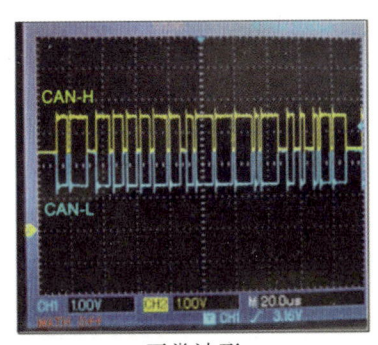

正常波形
比亚迪秦 EV BCM G2K/2、G2K/3
对地信号标准波形

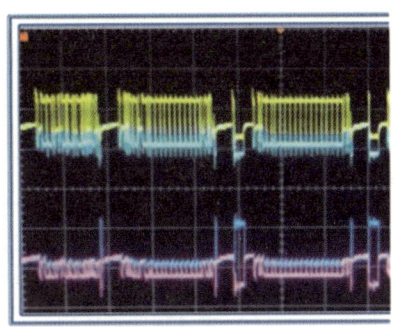

实测波形
比亚迪秦 EV BCM G2K/2、G2K/3
对地信号实测波形

（2）断开线路两端的插接器，用万用表测量CAN-L线路两端之间的阻值，正常为0Ω，实测为500Ω。

（3）排除智能钥匙系统控制器的CAN-L线路虚接故障，系统恢复正常。

四、故障机理分析

由于智能钥匙系统控制器的CAN-L线路虚接，导致智能钥匙系统控制器与BCM通信异常，所以操作智能钥匙时，BCM不能知晓智能钥匙认证结果，车门不解锁。

而在按下一键启动开关时，智能钥匙系统控制器无法知晓一键启动开关已经打开，所以不会启动钥匙认证程序，造成车辆无法低压上电。

【实训操作】

一、实训准备

1. 工作场景：实训车间。
2. 工作器材：比亚迪秦EV整车、维修手册、汽车诊断仪、高压安全防护用具、工具车。

二、实训内容

1. 正确使用安全防护用具。

2. 正确查阅维修手册及电路图。
3. 在实训车辆上安全规范地进行检测诊断。
4. 排除车辆故障。
5. 书写实训报告。

【学习评价表】

评价内容	配分	序号	具体指标	分值	得分 自评	得分 组评	得分 师评
作业准备	15	1	防护服、绝缘手套等安全防护用具的正确穿戴和安装	5			
		2	了解比亚迪秦EV智能钥匙模块电源电路原理	5			
		3	准备好所需的工具、仪器并确保能正常使用	5			
工作安全	25	4	不违章作业	5			
		5	遵守作业程序	5			
		6	无人员受伤或设备损伤	5			
		7	遵守工作制度	5			
		8	发现问题及时报告	5			
工作过程	35	9	正确使用安全防护用具	5			
		10	能够规范正确地使用汽车诊断仪、示波器、万用表	5			
		11	会查阅维修手册和电路图	5			
		12	会分析检测结果	5			
		13	会书写诊断报告	15			
职业素养	25	14	遵守规章制度	5			
		15	作业规范	5			
		16	流程正确	5			
		17	结果分析正确	5			
		18	工作效率高	5			
综合得分				100			

4.5 比亚迪秦 EV 低压无法上电故障检修（三）

【学习目标】

✲ 知识目标

1. 知道比亚迪秦EV低压系统上电电路原理。
2. 知道比亚迪秦EV低压系统上电电路的检测方法。

✲ 能力目标

1. 会查阅维修手册和分析低压系统上电电路图。
2. 能正确地使用仪器检测仪表，并会分析检测结果。
3. 会书写诊断报告。

✲ 素质目标

1. 树立安全第一的思想，注意个人安全、他人安全、设备安全。
2. 保持作业环境卫生，设备、设施干净整洁。
3. 严格执行车间7S管理规范。

【知识链接】

一、制动开关的供电保险丝 F2/4 断路故障

1. 故障现象

（1）踩下制动踏板，按下一键启动开关，仪表不亮，低压上电失败，仪表板上显示："启动时,踩下制动踏板,同时按下启动按钮,待OK灯点亮后可挂挡行驶"；尾部制动灯不亮。

（2）读取故障代码：B1C1507 制动开关故障。

2. 故象分析

根据仪表板上的显示、尾部制动灯状态和故障代码的内容说明制动信号异常，可能的原因如下：

（1）制动信号1本身故障。
（2）制动信号1相关线路故障。
（3）BCM内部故障。

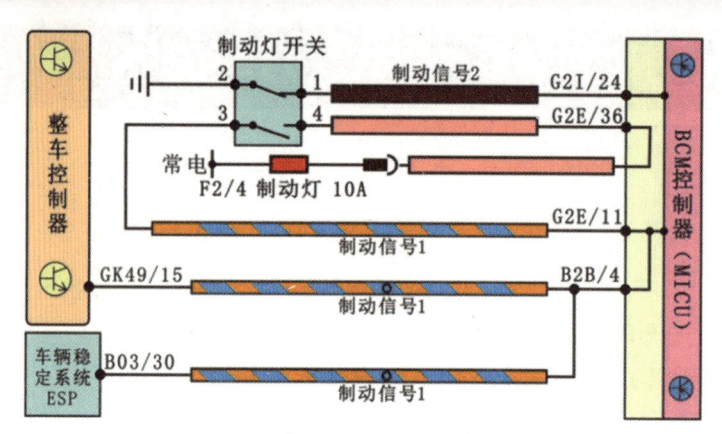

比亚迪秦 EV 制动信号电路图

3. 诊断过程

（1）踩下制动踏板，用诊断仪读取制动信号数据流，发现12V制动信号1失效，0V制动信号2正常。

（2）踩下制动踏板，用万用表测量 BCM的G2E/11对地电压，正常为0V→+B，实测始终为0V，异常。

（3）踩下制动踏板，用万用表测量制动开关G28/3对地电压，正常为0V→+B，实测始终为0V，异常。

（4）用万用表测量制动开关G28/4对地电压，正常为+B，实测为0V，异常。

（5）用万用表测量BCM的G2E/36对地电压，正常为+B，实测为0V，异常。

（6）用万用表测量保险丝F2/4两端的对地电压，正常均为+B，实测一端为+B，另一端为0V，说明保险丝损坏。

（7）拔下F2/4保险丝，目视或用万用表测量其阻值，实测为无穷大，说明保险丝损坏。

（8）用万用表测量F2/4下游断路对地阻值，实测为正常。

（9）排除F2/4断路故障，系统恢复正常。

4. 故障机理分析

由于F2/4断路，导致制动开关的供电异常，BCM无法收到正常的制动信号，所以在踩下制动踏板、按下一键启动开关后，系统无法对钥匙进行验证，导致车辆低压无法上电，仪表不亮。

二、一键启动开关接地线路断路故障

1. 故障现象

（1）无钥匙进入功能正常。

（2）踩下制动踏板，钥匙指示灯正常闪烁；按下一键启动开关，仪表不亮，低压无法上电，仪表板上的钥匙故障指示灯依然闪烁。

（3）松开制动踏板，单独按下一键启动开关，钥匙指示灯没有闪烁。

（4）读取故障代码：无故障码。

2．现象分析

（1）踩下制动踏板时钥匙闪烁，说明"制动开关→BCM→智能钥匙系统控制器→室内天线→智能钥匙"工作正常；而单独按下一键启动开关时钥匙不能闪烁，这说明"制动开关→BCM→智能钥匙系统控制器→室内天线→智能钥匙"工作异常，两者比对，说明BCM没有接收到正确的启动开关信号。

（2）基于故障代码，说明一键启动开关两路信号的其中一路存在故障。

综合以上分析，其共同点都指向一键启动开关信号故障，可能的原因如下。

（1）一键启动开关自身故障。

（2）一键启动开关线路故障。

（3）BCM内部故障。

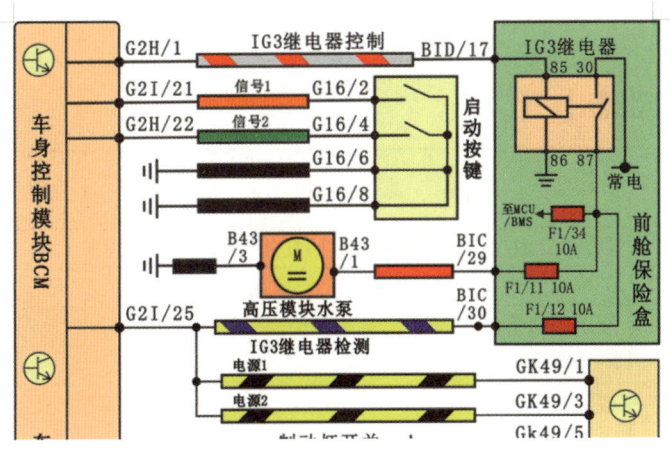

比亚迪秦EV启动信号电路图

3．诊断过程

（1）按下一键启动开关，用万用表测量BCM的G2I/6、G2I/8对地电压，正常为0V，实测均为+B，说明接地线路断路。

（2）断开插接器，用万用表测量接地线路的对地阻值，实测为无穷大。

（3）排除一键启动开关接地线路断路故障，系统恢复正常。

4．故障机理分析

由于一键启动开关接地线路断路，导致BCM无法收到正常的启动信号，所以不会启动低压上电流程。

【实训操作】

一、实训准备

1. 工作场景：实训车间。
2. 工作器材：比亚迪秦EV整车、维修手册、汽车诊断仪、高压安全防护用具、工具车。

二、实训内容

1. 正确使用安全防护用具。
2. 正确查阅维修手册及电路图。
3. 在实训车辆上安全规范地进行检测诊断。
4. 排除车辆故障。
5. 书写实训报告。

【学习评价表】

评价内容	配分	序号	具体指标	分值	得分 自评	得分 组评	得分 师评
作业准备	15	1	防护服、绝缘手套等安全防护用具的正确穿戴和安装	5			
		2	了解比亚迪秦EV低压系统上电电路原理	5			
		3	准备好所需的工具、仪器并确保能正常使用	5			
工作安全	25	4	不违章作业	5			
		5	遵守作业程序	5			
		6	无人员受伤或设备损伤	5			
		7	遵守工作制度	5			
		8	发现问题及时报告	5			
工作过程	35	9	正确使用安全防护用具	5			
		10	能够规范正确地使用汽车诊断仪、万用表	5			
		11	会查阅维修手册和电路图	5			
		12	会分析检测结果	5			
		13	会书写诊断报告	15			
职业素养	25	14	遵守规章制度	5			
		15	作业规范	5			
		16	流程正确	5			
		17	结果分析正确	5			
		18	工作效率高	5			
综合得分				100			

4.6 比亚迪秦 EV 高压上下电控制策略

【学习目标】

知识目标

1. 熟悉比亚迪秦EV高压系统的结构组成。
2. 知道比亚迪秦EV高压上电原理。

能力目标

1. 说出比亚迪秦EV高压系统的结构组成。
2. 说出比亚迪秦EV高压上电原理。

素质目标

1. 培养学生克服困难的意志品质，并树立其爱学习、爱动手的好习惯。
2. 让学生养成乐于合作、积极向上的意志品质。

【知识链接】

一、比亚迪秦 EV 高压系统

1. 比亚迪秦 EV 高压系统结构

比亚迪秦EV高压系统结构如下图所示，它由动力电池管理系统、驱动电机控制器及DC、电动空调及PTC、车载充电器等组成。

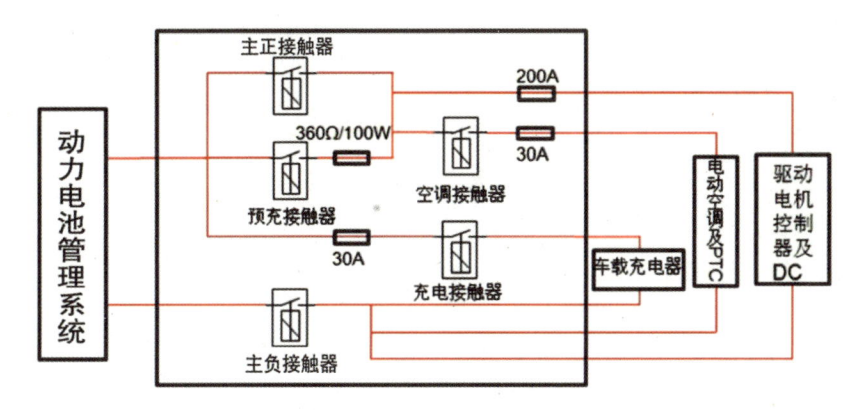

比亚迪秦 EV 高压系统结构

2. 动力电池管理系统的结构

动力电池管理系统又称电池保姆或电池管家,主要就是为了管理及维护各个电池单元,防止动力电池出现过充电、过放电及温度异常,延长动力电池的使用寿命,监控动力电池的状态。动力电池管理系统由动力电池模组、采集系统BIC、高压继电器、高压熔断器、冷却管路、电池管理器(BMS)、动力输出及控制接口、模组壳体等组成,其主要部件如下图所示。

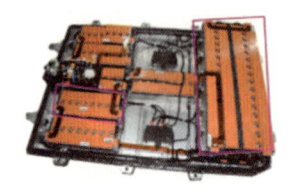

动力电池模组

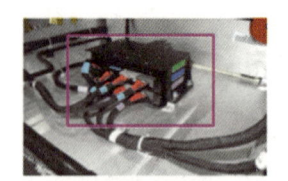

采集系统BIC

高压继电器

高压熔断器

冷却管路

动力输出及控制接口

比亚迪秦EV动力电池管理系统的结构

3. 三合一充配电总成的结构

比亚迪秦EV三合一配电总成及端口图解如下图所示。

1——辅助定位($\varphi 11$),安装在前舱大支架上。

2——出水口,连接冷却水管。

3——排气口,连接排气管。

4——进水口,连接冷却水管。

5——主定位($\varphi 9$),安装在前舱大支架上。

6——交流充电输入,连接交流充电口。

7——直流充电输入,连接直流充电口。

8——空调压缩机配电,连接空调压缩机。

9——空调PTC配电，连接空调PTC。

10——辅助定位（φ11），安装在前舱大支架上。

11——低压正极输出，连接蓄电池。

12——辅助定位（φ11），安装在前舱大支架上。

13——低压信号，连接低压线束。

14——电机控制器配电，连接电机控制器。

15——高压直流输入/输出，连接电池包。

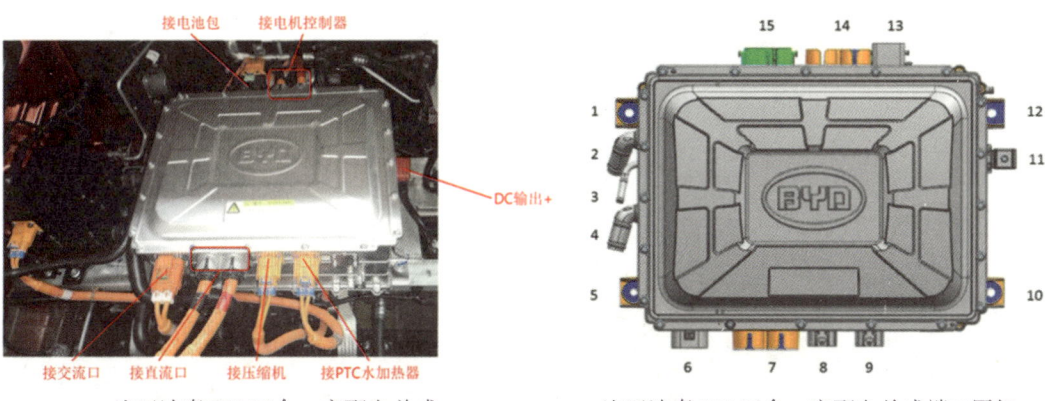

比亚迪秦EV三合一充配电总成　　　比亚迪秦EV三合一充配电总成端口图解

4. 驱动电机控制器

驱动电机控制器是永磁同步电机的控制大脑，它综合位置传感器、温度传感器、电流传感器所提供的电机转子位置、温度、速度和电流等反馈信息及外部输入的命令，通过程序进行分析处理，决定控制方式及故障保护等，向功率变换器发出执行命令，控制永磁同步电机运行，如下图所示。

比亚迪秦EV驱动电机控制器的内部结构 　　　比亚迪秦EV驱动电机控制器的外部结构

5. 充电系统

电动汽车的充电系统主要由充电桩、充电插口、高压充配电总成、高压控制盒（PDU）、

动力电池、充电指示灯及高压导线组成，其系统的组成及连接线路、电路原理图如下图所示。

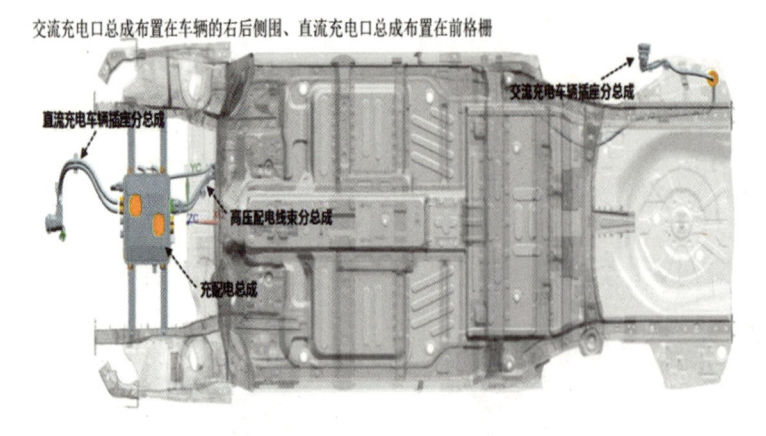

比亚迪秦 EV 充电系统的组成及连接线路

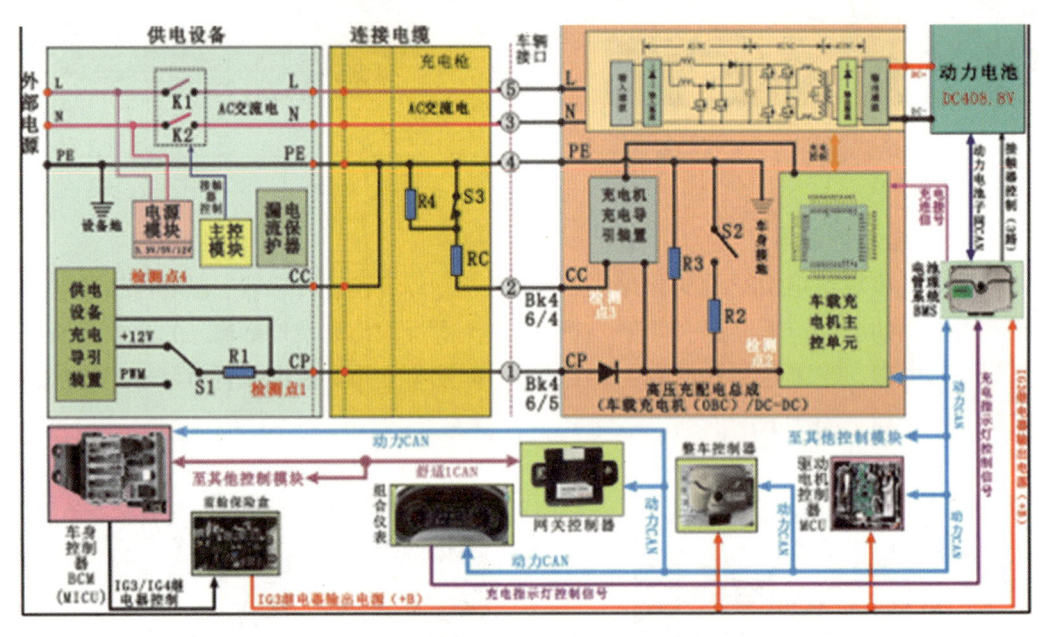

比亚迪秦 EV 充电系统电路原理图

6. 调制冷系统

调制冷系统由PDA屏幕、空调控制器、压缩机、压缩机控制器、空调压力开关、电子扇、冷凝器、温度传感器、阳光传感器、冷却风扇、鼓风机调速模块、鼓风机、热交换器、电子膨胀阀、风门控制执行器、制冷管路、充配电总成（OBC/DC-DC）、VCU 等组成，下图所示为比亚迪秦EV空调制冷系统的构造图。

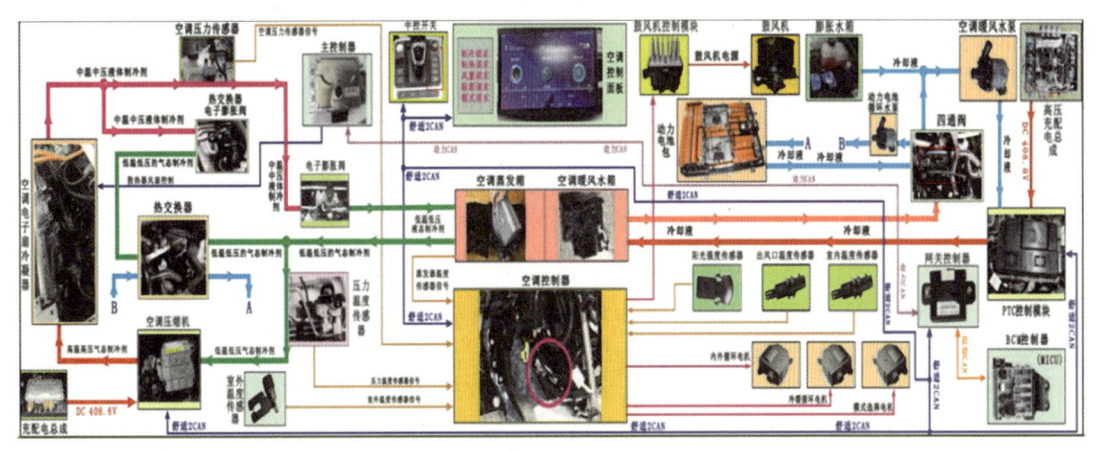

比亚迪秦 EV 空调制冷系统的构造图

二、比亚迪秦 EV 高压上下电原理

1. 高压上电

如下图所示，根据驾驶员的上电请求指令，通过动力CAN、舒适1CAN、启动CAN、网关控制器、车身控制模块（BCM）、智能钥匙系统控制器进行身份验证，以及接收解锁信息。在接收到解锁信息后，与BMS、驱动电机控制器、充配电分配盒、挡位传感器等进行数据交换，确认高压系统互锁、绝缘以及动力电池SOC、挡位信息、制动开关、各系统故障等信息正常后，向BMS发送上电许可信息。BMS接收到上电信息后，依次控制主负、预充、主正继电器的吸合，进行整车高压上电。

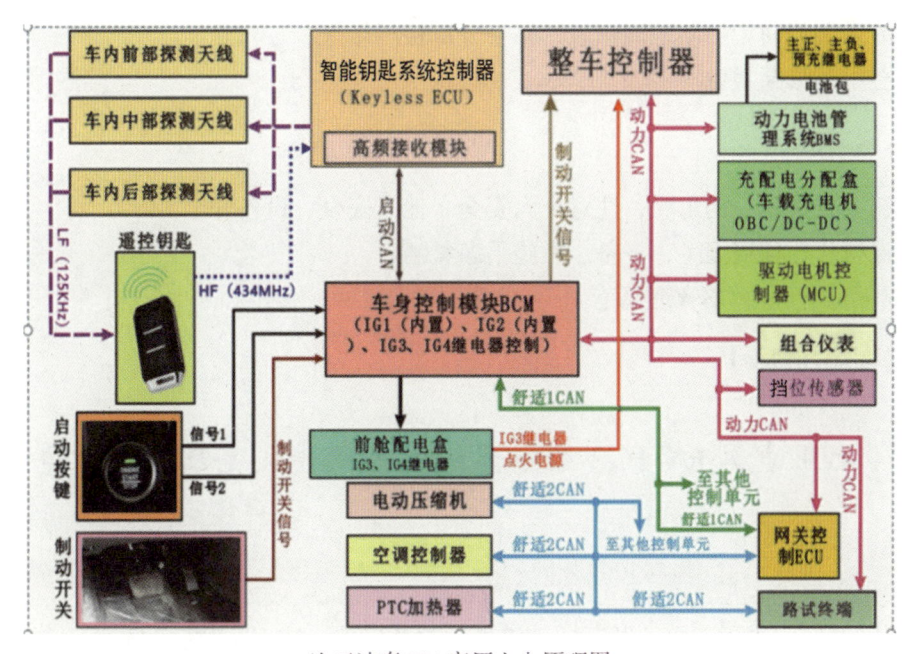

比亚迪秦 EV 高压上电原理图

2. 高压下电

当驾驶员再次按下一键启动开关后，车辆进入整车下电流程，BCM根据一键启动开关两个信号判断此时需要整车下电；随即通过舒适1CAN、网关控制、动力CAN给VCU发送整车下电请求；VCU接收到此消息后通过动力CAN发送高压下电命令至BMS，BMS接收到下电命令后依次断开主正、主负继电器，高压下电完成。同时，BMS将这一信息发送至VCU，VCU接收到高压下电信息后，通过动力CAN、网关控制、舒适1CAN给BCM发送高压下电完成信息，BMS接收到此信息后断开 IG1、IG2、IG3、IG4继电器，整车低压下电。

4.7 比亚迪秦 EV 高压无法上电故障检测（一）

【学习目标】

❋ 知识目标

1. 知道比亚迪秦EV IG3继电器电路原理。
2. 知道比亚迪秦EV IG3继电器电路的检测方法。

❋ 能力目标

1. 查阅维修手册和分析比亚迪秦EV IG3继电器控制电路图。
2. 能正确地使用仪器检测仪表，并会分析检测结果。
3. 会书写诊断报告。

❋ 素质目标

1. 树立安全第一的思想，注意个人安全、他人安全、设备安全。
2. 保持作业环境卫生，设备、设施干净整洁。
3. 严格执行车间7S管理规范。

【知识链接】

一、比亚迪秦 EV IG3 继电器线圈断路造成高压无法上电

1. 故障现象

（1）无钥匙进入正常。

（2）打开车门进入车内，踩下制动踏板数次并保持，按下一键启动开关，制动踏板高度无变化，不能听见前机舱真空泵运转声；车辆无法换入D挡或R挡；按下电子驻车按键，

可以手动解除及启动电子驻车功能。

（3）同时仪表点亮正常，但仪表板上可运行指示"OK"灯不能正常点亮，且仪表板上的主警告灯、动力系统警告灯、ESP系统警告灯、驻车故障警告灯点亮，仪表板中部循环提示"请检查动力系统""请检查ESP系统""请检查电子驻车系统"；同时动力蓄电池主正、主负继电器无声响，高压不能正常上电。

（4）读取故障代码：扫描模块时，驱动电机控制器、整车控制器均无法通信；在电子稳定系统中读到U059504，与驱动电机控制器CAN信号超时；在仪表板中读到U011087，与驱动电机控制器失去通信。

2. 现象分析

打开点火开关，制动踏板高度无下降、制动真空泵也没有运转，结合制动真空泵的控制原理，说明以下部件可能存在故障。

（1）制动真空泵及接地线路。

（2）K12 电动真空泵继电器2、K10电动真空泵继电器1或其相关线路存在故障。

（3）F1/37 保险丝及供电线路故障。

（4）VCU 或其电源、通信线路故障。

（5）真空压力传感器信号错误故障。

在以上原因中，真空压力传感器、制动真空泵自身及控制、电源、继电器故障不会造成高压上电失败，所以造成上述故障现象的原因主要由VCU或其电源、通信线路故障造成。

根据仪表板上的故障提示、车辆高压上电故障、各模块与诊断仪的通信状态、故障代码的含义，判断故障可能发生在以上系统的公共部分，即IG3继电器的输出异常，可能的原因如下。

（1）IG3继电器自身故障。

（2）IG3继电器的相关线路故障。

（3）BCM内部故障。

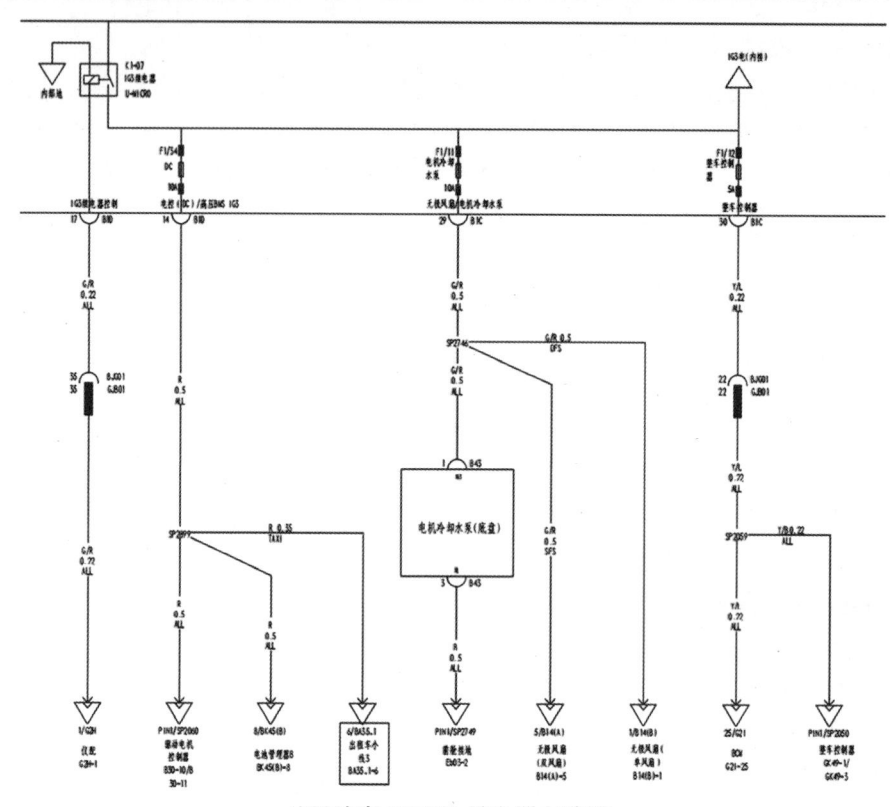

比亚迪秦 EV IG3 继电器电路图

3. 诊断过程

（1）按下一键启动开关，用万用表测量F1/34、F1/11或F1/12两端的对地电压，正常为+B，实测为0V。

（2）按下一键启动开关，用万用表测量IG3/87对地电压，正常为+B，实测为0V。

（3）按下一键启动开关，用万用表测量IG3继电器控制电源端、IG3继电器控制接地端、IG3继电器开关供电端的对地电压，正常分别为0V→+B、0V、+B，实测为+B、0V、0V。若异常，则说明IG3继电器自身损坏。

（4）拔下IG3继电器，用万用表测量IG3继电器线圈两端的电阻，实测为200Ω，说明IG3继电器线圈断路。

（5）排除IG3继电器线圈断路故障，系统恢复正常。

4. 故障机理分析

由于IG3继电器线圈断路，导致BCM无法正常控制IG3继电器的吸合，所以按下一键启动开关时，VCU、MCU、BMC等模块供电均不正常，高压系统上电失败，真空泵也不能正常工作。

【实训操作】

一、实训准备

1. 工作场景：实训车间。
2. 工作器材：比亚迪秦EV整车、维修手册、汽车诊断仪、高压安全防护用具、工具车。

二、实训内容

1. 正确使用安全防护用具。
2. 正确查阅维修手册及电路图。
3. 在实训车辆上安全规范地进行检测诊断。
4. 排除车辆故障。
5. 书写实训报告。

【学习评价表】

评价内容	配分	序号	具体指标	分值	自评	组评	师评
作业准备	15	1	防护服、绝缘手套等安全防护用具的正确穿戴和安装	5			
		2	了解比亚迪秦 EV IG3 继电器电路原理	5			
		3	准备好所需的工具、仪器并确保能正常使用	5			
工作安全	25	4	不违章作业	5			
		5	遵守作业程序	5			
		6	无人员受伤或设备损伤	5			
		7	遵守工作制度	5			
		8	发现问题及时报告	5			
工作过程	35	9	正确使用安全防护用具	5			
		10	能够规范正确地使用汽车诊断仪、万用表	5			
		11	会查阅维修手册和电路图	5			
		12	会分析检测结果	5			
		13	会书写诊断报告	15			
职业素养	25	14	遵守规章制度	5			
		15	作业规范	5			
		16	流程正确	5			
		17	结果分析正确	5			
		18	工作效率高	5			
综合得分				100			

4.8 比亚迪秦 EV 高压无法上电故障检测（二）

【学习目标】

知识目标

1. 知道比亚迪秦EV BMS的IG3电源电路原理。
2. 知道比亚迪秦EV BMS的IG3电源电路的检测方法。

能力目标

1. 查阅维修手册和分析BMS的IG3电源电路图。
2. 能正确地使用仪器检测仪表，并会分析检测结果。
3. 会书写诊断报告。

素质目标

1. 树立安全第一的思想，注意个人安全、他人安全、设备安全。
2. 保持作业环境卫生，设备、设施干净整洁。
3. 严格执行车间7S管理规范。

【知识链接】

BMS 的 IG3 电源线路断路故障检测

1. 故障现象

（1）无钥匙进入正常；按下一键启动开关，仪表正常点亮，SOC 显示正常，高压接触器没有工作声，仪表板上的"OK"灯无法点亮，主警告灯点亮，仪表板上提示"EV功能受限"，车辆无法换入D挡或R挡。

（2）读取故障代码：P1A3400预充失败故障、P1A3F00预充接触器回检故障。

2. 现象分析

根据故障现象，无法确定具体故障部位，需要借助诊断设备进行故障扫描。根据故障代码，说明预充接触器可能存在故障。可能的故障原因有以下3种。

（1）预充接触器故障。
（2）预充接触器线路故障。
（3）BMS的相关故障。

3. 诊断过程

（1）按下一键启动开关，用万用表测量预充接触器的BK51/28、BK51/20两端之间的工作电压，正常为0V→+B→0V，实测为0V不变，异常。

（2）按下一键启动开关，用万用表分别测量预充接触器的BK51/28对地电压，正常为+B→0V，实测为0V不变，异常。

（3）按下一键启动开关，用万用表测量BMS的BK45（A）/21对地电压，正常为+B→0V，实测为0V不变，异常，说明BMS没有发出控制信号，可能的原因在于BMS损坏、BMS没有接收到点火开关指令（由于仪表板上可以显示SOC值，说明BMS常火电源及通信线路均正常）。

（4）按下一键启动开关，用万用表测量BMS的BK45（B）/8对地电压，正常为0V→+B，实测为0V，异常。

（5）按下一键启动开关，用万用表测量F1/34两端的对地电压，实测均为+B，正常。

（6）断开线路两端的插接器，用万用表测量F1/34至BK45（B）/8之间线路的阻值，应小于1Ω，实测为无穷大，说明F1/34至BK45（B）/8之间的线路断路。

（7）排除BMS的IG3电源线路断路故障，系统恢复正常。

4．故障机理分析

由于BMS的IG3电源线路断路，导致BMS无法正常控制主正、主负及预充接触器的吸合，所以按下一键启动开关时，高压上电失败，"OK"灯不亮。

【实训操作】

一、实训准备

1．工作场景：实训车间。
2．工作器材：比亚迪秦EV整车、维修手册、汽车诊断仪、高压安全防护用具、工具车。

二、实训内容

1．正确使用安全防护用具。
2．正确查阅维修手册及电路图。
3．在实训车辆上安全规范地进行检测诊断。
4．排除车辆故障。
5．书写实训报告。

【学习评价表】

评价内容	配分	序号	具体指标	分值	得分 自评	得分 组评	得分 师评
作业准备	15	1	防护服、绝缘手套等安全防护用具的正确穿戴和安装	5			
		2	了解比亚迪秦 EV IG3 继电器电源电路原理	5			
		3	准备好所需的工具、仪器并确保能正常使用	5			
工作安全	25	4	不违章作业	5			
		5	遵守作业程序	5			
		6	无人员受伤或设备损伤	5			
		7	遵守工作制度	5			
		8	发现问题及时报告	5			
工作过程	35	9	正确使用安全防护用具	5			
		10	能够规范正确地使用汽车诊断仪、万用表	5			
		11	会查阅维修手册和电路图	5			
		12	会分析检测结果	5			
		13	会书写诊断报告	15			
职业素养	25	14	遵守规章制度	5			
		15	作业规范	5			
		16	流程正确	5			
		17	结果分析正确	5			
		18	工作效率高	5			
综合得分				100			

4.9 比亚迪秦 EV 高压无法上电故障检测（三）

【学习目标】

知识目标

1. 知道比亚迪秦EV动力网络系统原理。
2. 知道比亚迪秦EV动力网络系统电路的检测方法。

能力目标

1. 会查阅维修手册和分析动力网络系统电路图。
2. 能正确地使用仪器检测仪表，并会分析检测结果。
3. 会书写诊断报告。

素质目标

1. 树立安全第一的思想，注意个人安全、他人安全、设备安全。
2. 保持作业环境卫生，设备、设施干净整洁。
3. 严格执行车间7S管理规范。

【知识链接】

动力CAN-H线路对地短路故障检测

1. 故障现象

（1）按下一键启动开关，仪表正常点亮，但SOC无法显示；高压上电失败，仪表板上的"OK"灯不亮；仪表板上的动力电池故障指示灯、主警告灯、动力系统警告灯、充电系统警告灯等多个系统的故障指示灯点亮，仪表板上显示"请检查车辆网络"等多个系统存在故障。

（2）车辆无法换入D挡或R挡，车辆无法行驶。

（3）故障代码如下表所示。

比亚迪秦EV故障代码表

系统	故障代码	代码说明
ESP	U059504	与前电机控制器CAN信号超时
电动助力转向系统	U015987	与VTOG丢失通信
	U015687	挡位信号丢失
电子驻车系统	U041681	收到电子车身稳定系统的无效信息故障
	U011087	与MCU通信故障
车身控制系统	B1C1D02	拨挡器的挡位信号故障
网关控制器	B12EC00	动力CAN通信故障

2. 现象分析

（1）仪表板上无法显示SOC值，动力电池故障指示灯点亮，说明组合仪表无法获知BMC传递的信息。

（2）根据其他故障现象和仪表板上的提示，说明故障来自动力CAN系统、舒适CAN系统及ESC CAN系统。注意，由于组合仪表位于动力CAN系统，所以动力CAN总线出现故障时，会导致组合仪表与所有模块通信均异常。

（3）根据故障代码提示，无法通信的模块均来自动力CAN总线。

综合以上所有信息，说明可能的故障原动力CAN总线存在局部故障。

3. 诊断过程

（1）按下一键启动开关，用示波器测量BMC的CAN总线BK45（B）/16、BK45（B）/17对地信号波形，实测发现CAN-H对地短路，如下图所示。

正常波形　　　　　　　　　　　　　实测波形

比亚迪秦 EV BMC 的 BK45（B）/16、BK45（B）/17 对地信号波形

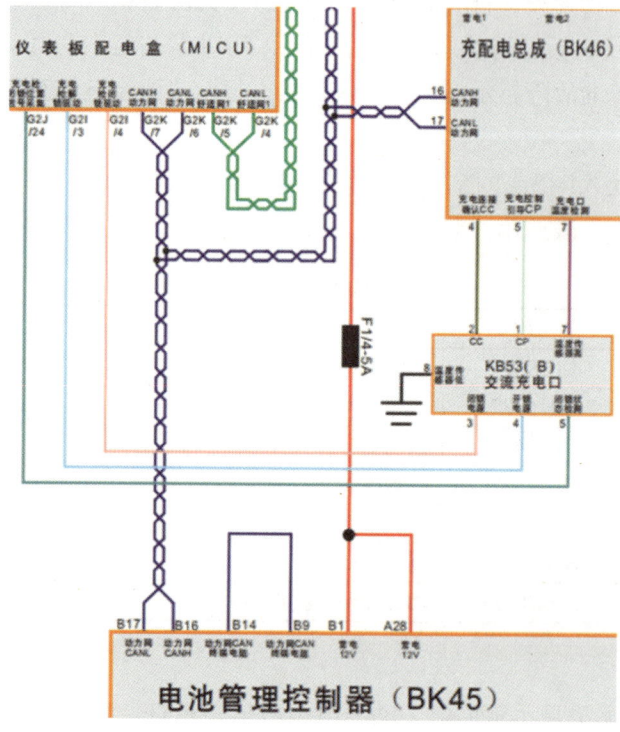

比亚迪秦 EV 动力总线电路原理图

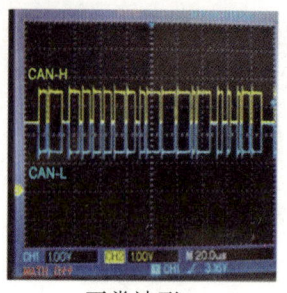

根据上述检查知道CAN总线对地发生了短路故障，但难以判断是在哪个位置发生了短路，只能逐一断开各节点和插接器去检测。

（2）拆下蓄电池负极，断开BCM、MCU、VCU、充配电总成、仪表、网关、挡位传感器低压插头，用万用表测量BMC端CAN-H线路对地阻值，实测为0Ω。

（3）排除BMC端CAN-H线路断路故障，系统恢复正常。

4．故障机理分析

由于动力CAN-H线路对地短路，导致动力CAN总线系统无法工作，所以按下一键启动开关后，动力系统各模块无法与其他模块通信，仪表板上不显示SOC值，且提示多个系统存在故障，高压无法上电。

【实训操作】

一、实训准备

1. 工作场景：实训车间。
2. 工作器材：比亚迪秦EV整车、维修手册、汽车诊断仪、高压安全防护用具、工具车。

二、实训内容

1. 正确使用安全防护用具。
2. 正确查阅维修手册及电路图。
3. 在实训车辆上安全规范地进行检测诊断。
4. 排除车辆故障。
5. 书写实训报告。

【学习评价表】

评价内容	配分	序号	具体指标	分值	得分 自评	组评	师评
作业准备	15	1	防护服、绝缘手套等安全防护用具的正确穿戴和安装	5			
		2	了解比亚迪秦EV动力网络系统电路原理	5			
		3	准备好所需的工具、仪器并确保能正常使用	5			
工作安全	25	4	不违章作业	5			
		5	遵守作业程序	5			
		6	无人员受伤或设备损伤	5			
		7	遵守工作制度	5			
		8	发现问题及时报告	5			
工作过程	35	9	正确使用安全防护用具	5			
		10	能够规范正确地使用汽车诊断仪、示波器、万用表	5			
		11	会查阅维修手册和电路图	5			
		12	会分析检测结果	5			
		13	会书写诊断报告	15			
职业素养	25	14	遵守规章制度	5			
		15	作业规范	5			
		16	流程正确	5			
		17	结果分析正确	5			
		18	工作效率高	5			
综合得分				100			

4.10 比亚迪秦 EV 高压无法上电故障检测（四）

【学习目标】

✎ 知识目标

1. 知道比亚迪秦EV预充接触器控制电路原理。
2. 知道比亚迪秦EV预充接触器控制电路的检测方法。

✎ 能力目标

1. 会查阅维修手册和分析预充接触器控制电路图。
2. 能正确地使用仪器检测仪表，并会分析检测结果。
3. 会书写诊断报告。

✎ 素质目标

1. 树立安全第一的思想，注意个人安全、他人安全、设备安全。
2. 保持作业环境卫生，设备、设施干净整洁。
3. 严格执行车间7S管理规范。

【知识链接】

预充接触器控制线路断路故障检测

1. 故障现象

（1）按下一键启动开关，仪表正常点亮，动力电池电量SOC显示正常，但高压接触器没有工作声，仪表板上的"OK"灯无法点亮，系统主警告灯点亮，仪表板上提示"EV功能受限"，车辆无法换入D挡或R挡。

（2）读取故障代码：P1A3F00预充接触器回检故障、P1A3400预充失败故障。

2. 现象分析

根据故障现象，SOC显示正常，动力电池故障指示灯没有点亮，说明BMC自检正常，但系统高压上电失败的原因不能确定，需要借助诊断仪进行诊断。根据故障代码，说明预充接触器或其控制存在故障，可能的原因有以下3种。

（1）预充接触器自身故障。
（2）预充接触器线路故障。
（3）BMC的内部故障。

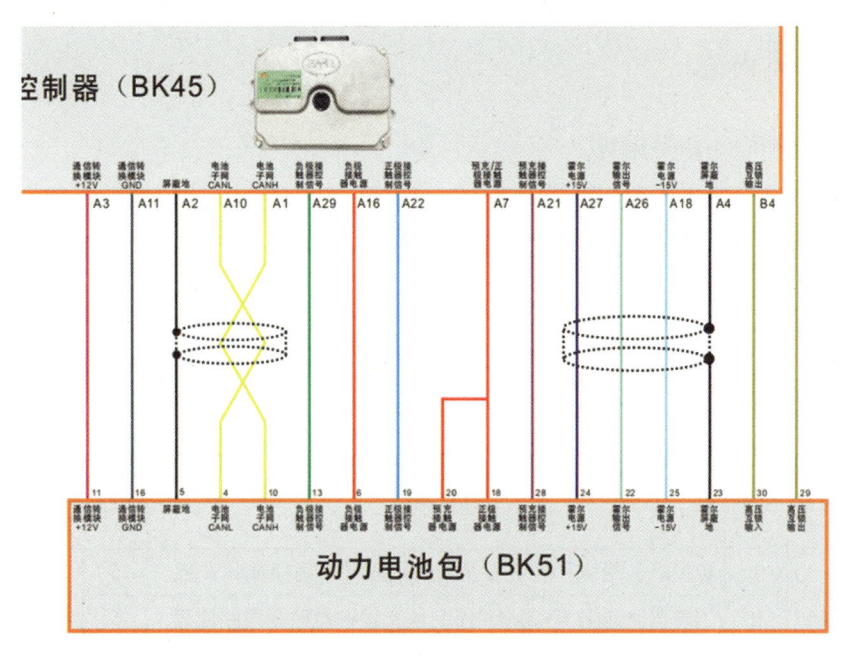

比亚迪秦 EV 预充接触器控制线路原理图

3. 诊断过程

（1）按下一键启动开关，用万用表测量动力电池组的BK51/20、BK51/28两端之间的工作电压，正常为0V→+B，实测为0V不变，异常（本步可以不做）。

（2）按下一键启动开关，用万用表测量动力电池组的BK51/28对地电压，正常为+B→0V，实测为+B不变，异常。

（3）按下一键启动开关，用万用表测量BMC的BK45（A）/21对地电压，正常为+B→0V，实测为0V不变，说明BK51/28至BK45A/21之间的线路断路。

（4）断开低压蓄电池负极，断开BK51/28至BK45（A）/21之间线路两端的插接器，用万用表测量线路阻值为无穷大。

（5）排除预充接触器控制线路断路故障，系统恢复正常。

4. 故障机理分析

由于预充接触器控制线路断路，导致BMC无法正常控制预充接触器的吸合，所以按下一键启动开关时，高压上电失败。

【实训操作】

一、实训准备

1. 工作场景：实训车间。
2. 操作器材：比亚迪秦EV整车、维修手册、汽车诊断仪、高压安全防护用具、工具车。

二、实训内容

1. 正确使用安全防护用具。
2. 正确查阅维修手册及电路图。
3. 在实训车辆上安全规范地进行检测诊断。
4. 排除车辆故障。
5. 书写实训报告。

【学习评价表】

评价内容	配分	序号	具体指标	分值	得分 自评	得分 组评	得分 师评
作业准备	15	1	防护服、绝缘手套等安全防护用具的正确穿戴和安装	5			
		2	了解比亚迪秦 EV BMS 控制预充接触器控制线路原理	5			
		3	准备好所需的工具、仪器并确保能正常使用	5			
工作安全	25	4	不违章作业	5			
		5	遵守作业程序	5			
		6	无人员受伤或设备损伤	5			
		7	遵守工作制度	5			
		8	发现问题及时报告	5			
工作过程	35	9	正确使用安全防护用具	5			
		10	能够规范正确地使用汽车诊断仪、万用表	5			
		11	会查阅维修手册和电路图	5			
		12	会分析检测结果	5			
		13	会书写诊断报告	15			
职业素养	25	14	遵守规章制度	5			
		15	作业规范	5			
		16	流程正确	5			
		17	结果分析正确	5			
		18	工作效率高	5			
综合得分				100			

4.11 比亚迪秦 EV 高压无法上电故障检测（五）

【学习目标】

✳ 知识目标

1. 知道比亚迪秦EV充配电总成电源电路。
2. 知道比亚迪秦EV充配电总成电源电路的检测方法。

✳ 能力目标

1. 会查阅维修手册和充配电总成电源电路电路图。
2. 能正确地使用仪器检测仪表，并会分析检测结果。
3. 会书写诊断报告。

✳ 素质目标

1. 树立安全第一的思想，注意个人安全、他人安全、设备安全。
2. 保持作业环境卫生，设备、设施干净整洁。
3. 能严格执行车间7S管理规范。

【知识链接】

充配电总成供电保险丝F1/22断路故障检测

1. 故障现象

（1）按下一键启动开关，没有听到高压接触器吸合的动作声，仪表板上的OK灯未正常点亮，但DC-DC故障灯、主警告灯点亮，且仪表板上提示为低压供电系统故障，EV功能受限。

（2）插充电枪，仪表板上不显示连接指示灯，也不能充电。

（3）读取故障代码：与充配电通信故障。

2. 现象分析

充电连接指示灯不亮，说明"交流电源→供电设备→充电连接电缆→车辆接口→高压充配电总成→BMC→组合仪表"异常，且DC-DC故障灯点亮，说明可能是充配电总成工作异常。结合故障代码，说明可能的故障原因如下。

（1）充配电总成总线内部故障。

（2）充配电总成电源及通信线路故障。

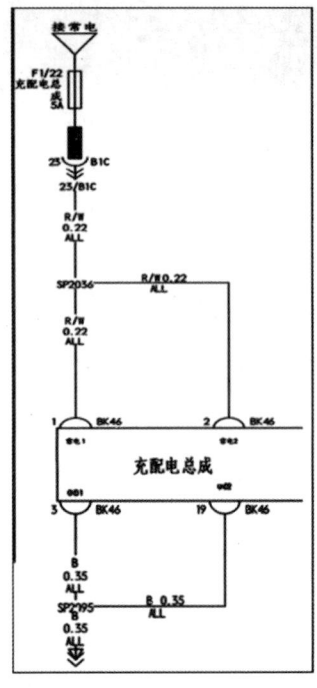

比亚迪秦 EV 充配电总成电源电路图

3. 诊断过程

（1）按下一键启动开关，用示波器测量 OBC 端（BK46/17、BK46/16）CAN 总线波形，实测未发现异常，如下图所示。

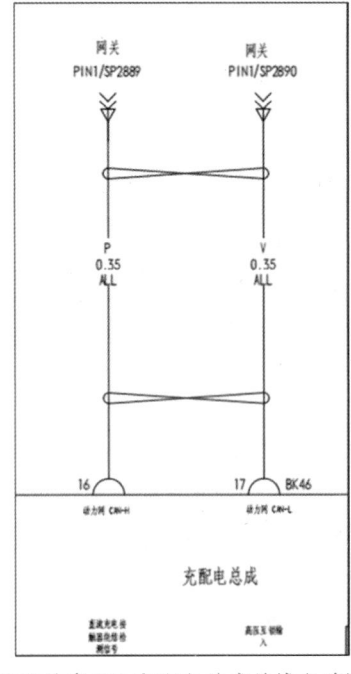

比亚迪秦 EV 充配电总成总线电路图

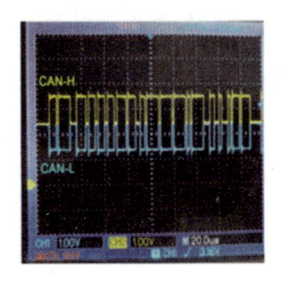

正常波形 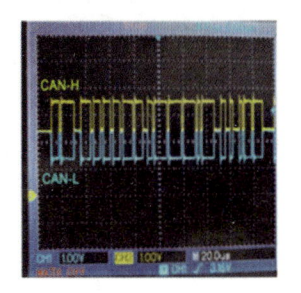　　　　　　　　　　实测波形

比亚迪秦 EV OBC 端（BK46/17、BK46/16）CAN 总线波形图

（2）按下一键启动开关，用万用表测量BK46/1和BK46/2对地电压，正常为12V，实测为0V，异常。

（3）按下一键启动开关，用万用表测量保险丝F1/22的输入、输出端电压，实测一端为+B，另一端为0V，说明保险丝断路损坏。

（4）按下保险丝，目视或用万用表测量F1/22电阻为无穷大，说明保险丝损坏。

（5）拆下蓄电池负极，用万用表测量保险丝F1/22下游电路对地阻值，应该为无穷大，实测为无穷大，正常。

（6）排除充配电总成的供电保险丝断路故障，系统恢复正常。

4. 故障机理分析

由于充配电总成的供电保险丝断路，导致OBC不能正常工作，无法与其他模块通信，所以按下一键启动开关后，模块认证未通过，高压系统上电失败。

【实训操作】

一、实训准备

1. 工作场景：实训车间。
2. 工作器材：比亚迪秦EV整车、维修手册、汽车诊断仪、高压安全防护用具、工具车。

二、实训内容

1. 正确使用安全防护用具。
2. 正确查阅维修手册及电路图。
3. 在实训车辆上安全规范地进行检测诊断。
4. 排除车辆故障。
5. 书写实训报告。

【学习评价表】

评价内容	配分	序号	具体指标	分值	得分 自评	得分 组评	得分 师评
作业准备	15	1	防护服、绝缘手套等安全防护用具的正确穿戴和安装	5			
		2	了解比亚迪秦EV充配电总成电源电路原理	5			
		3	准备好所需的工具、仪器并确保能正常使用	5			
工作安全	25	4	不违章作业	5			
		5	遵守作业程序	5			
		6	无人员受伤或设备损伤	5			
		7	遵守工作制度	5			
		8	发现问题及时报告	5			
工作过程	35	9	正确使用安全防护用具	5			
		10	能够规范正确地使用汽车诊断仪、示波器、万用表	5			
		11	会查阅维修手册和电路图	5			
		12	会分析检测结果	5			
		13	会书写诊断报告	15			
职业素养	25	14	遵守规章制度	5			
		15	作业规范	5			
		16	流程正确	5			
		17	结果分析正确	5			
		18	工作效率高	5			
综合得分				100			

项目五 高压互锁故障诊断与排除

项目概述

高压互锁系统，也叫高压互锁回路系统。高压互锁回路是电动汽车的一项安全功能，可在车辆组装、维修、维护和操作期间保护人员。该系统旨在保护在电动汽车生命周期的任何阶段可能接触到高压组件的任何人。一旦高压互锁系统存在故障，将导致电动汽车无法上高压电，车辆无法行驶。

本项目包含了 3 个基本学习任务，即高压互锁的功用与工作原理、高压互锁控制策略和比亚迪秦 EV 高压互锁故障检修。

通过本项目的学习，读者要在知识、技能、行为习惯等方面达到以下相关要求：

序号	学习内容（知识、技能、行为习惯、职业素养）	评价标准			
		了解知道	理解掌握	指导下操作	独立操作
1	安全规范的操作				√
2	实训室、学习环境整洁有序				√
3	团队合作学习、积极思考				√
4	工具的正确选择和使用				√
5	掌握高压互锁的功用与工作原理		√		
6	掌握高压互锁的控制策略		√		
7	掌握高压互锁故障检修的方法			√	

5.1 高压互锁的功用与工作原理

【学习目标】

知识目标

1. 掌握高压互锁的定义和作用。
2. 掌握高压互锁系统的工作原理。

能力目标

1. 具备安全操作基本常识。
2. 会使用检测设备。

❋ 素质目标

1. 树立安全第一的思想，注意个人安全、他人安全、设备安全。
2. 保持作业环境卫生，设备、设施干净整洁。
3. 具有安全规范操作意识，遇事临危不惧，遵守各项实训安全规定。

【知识链接】

一、高压互锁的定义和作用

1. 根据 ISO 6469 国际标准中所规定的，电动汽车（包括 BEV、PHEV 等车型）的高压部件（及其接插件）都应具有高压互锁装置。

2. 高压互锁（High Voltage Interlock，HVIL），其作用是使用12V的小电流来确认整个高压电气系统的完整性，整车所有的高压部件和线束接插件都必须安装到位，无短路或断路的情况。当控制器检测到HVIL回路断开或是完整性受到破坏时，需要启动必要的安全措施。

3. 电池管理系统（BMS）在检测到HVIL回路断开，判断车辆系统存在风险时，会根据当时的车辆情况，选择不同的必要安全措施。

（1）故障警报。

常通过仪表板上的警告灯亮起或发出警告鸣声等形式提醒驾驶员注意车辆情况，尽早将车辆送至专业维修点检测，以避免发生安全事故。

（2）切断高压电输出。

当车辆处于停止状态时，BMS检测到HVIL断开，除了进行必要的警告，还会直接切断高压电输出，使车辆无法启动，最大限度地保障乘员安全。

（3）降低高压输出功率。

当车辆处于行驶状态时，BMS检测到HVIL断开，若直接切断高压电输出，则会产生严重的、不可控的后果。此时，除了通过必要的警告灯或警告音提醒驾驶员，高压控制系统还将强制降低电机的输出功率，强制降低车速，使车辆始终处于一个低速的运行状态下，给驾驶员足够的时间和机会寻找合适的地点停车。如果驾驶员在停车后未及时将车辆送检维修，那么在下次启动车辆时，BMS将会采取直接切断高压电的措施，用以保障乘员及车辆安全。

二、高压互锁系统的原理

1. 一般电动汽车使用的高压部件有电池包、车载充电装置、电驱动装置及控制电子系统、高电压加热装置（PTC）、空调压缩机等用电器。

2. 只有当互锁回路形成了一个完整的闭环，BMS认为车辆的高压部件状态正常时，才会允许接通高压电源。当回路遭到断开时，触发HVIL的断开信号，BMS将在毫秒级时间内断开高压电，确保用户安全。

3. 除了车辆由于意外或碰撞等因素导致HVIL回路断开，断开服务插头也会导致HVIL回路断开。断开服务插头是低压接插件，在电动汽车车辆维修时，作为安全保障，维修人员需要先行断开服务插头，即将HVIL回路断开，停止高压电的输出后，才能进行车辆维修。

三、线束接插件的互锁结构

目前市场上的高压互锁设计大多是集成于高压线束接插件，即在高压线束接插件上，额外多一组低压回路用于检测HVIL回路的完整性。

比较常见的高压互锁结构是互锁机构包含在接插件内部，通过互锁端子和主回路（高压）端子的长度和位置差异实现连接，实现连接时，先连接高压端子，再连接低压端子；断开时，先断开低压端子，再断开高压端子。该设计的优点是设计紧凑，体积小。

另一种高压互锁结构独立于内塑壳或有一个单独的小连接器连接，通过2个连接器的先后安装关系来保证高压互锁的有效性。此设计的优点是方便主体塑壳结构扩展定制，缺点是设计复杂。

【学习评价表】

评价内容	配分	序号	具体指标	分值	自评	组评	师评
作业准备	15	1	防护服、安全靴、绝缘手套等安全防护用具的正确穿戴	5			
		2	了解高压互锁	5			
		3	准备好所需的工具并确保工具能正常使用	5			
工作安全	25	4	不违章作业	5			
		5	遵守作业程序	5			
		6	无人员受伤或设备损伤	5			
		7	遵守工作制度	5			
		8	发现问题及时报告	5			
工作过程	35	9	了解高压互锁的原理	15			
		10	了解高压互锁的结构	20			
职业素养	25	11	遵守规章制度	5			
		12	作业规范	5			
		13	流程正确	5			
		14	无违章操作	5			
		15	工作效率高	5			
综合得分				100			

5.2　高压互锁的控制策略

【学习目标】

✖ 知识目标

1. 掌握比亚迪秦EV电动汽车高压互锁电路的组成。
2. 掌握比亚迪秦EV电动汽车高压互锁控制策略。

✖ 能力目标

1. 具备安全操作基本常识。
2. 会使用检测设备。

✖ 素质目标

1. 树立安全第一的思想，注意个人安全、他人安全、设备安全。
2. 保持作业环境卫生，设备、设施干净整洁。
3. 要有安全规范操作意识，遇事临危不惧，遵守各项实训安全规定。

【知识链接】

一、比亚迪秦EV电动汽车高压互锁电路的组成

比亚迪秦EV电动汽车有两个高压互锁回路，一个是充电互锁回路，另一个是放电互锁回路。充电互锁回路是交流互锁回路，由电池管理器B和充配电总成组成。放电互锁回路是直流互锁回路，由电池管理器B、电池包、PTC加热器和充配电总成组成。

二、比亚迪秦EV电动汽车高压互锁控制策略

1. 交流互锁回路控制策略

当比亚迪秦EV电动汽车充电时，电池管理器BMS的BK45（B）/10发出4V的方波信号，4V方波信号从充配电总成BK46/15流入，经充配电总成BK46/14流出，后又回到电池管理器BMS的BK45（B）/11，当电池管理器B的BK45（B）/11检测到4V的方波信号时，即表明交流互锁回路完整，电池管理器B控制高压主正、主负继电器闭合，车辆才能充电。如果未检测到4V的方波信号，则表明交流互锁回路有故障，电池管理器B控制高压主正、主负继电器断开，车辆不能充电。

2. 直流互锁回路控制策略

当比亚迪秦EV电动汽车上高压电时，电池管理器B的BK45（B）/4发出4V的方波信号，4V方波信号先从电池包的BK51/30流入，经电池包插头，从BK51/29流出，后从PTC加热器的GB34/3流入，经PTC加热器插头，从GB34/6流出，后经充配电总成BK46/12流入，经充配电总成插头，从BK46/13流出，最后回到电池管理器B的BK45（B）/5，当电池管理器B的BK45（B）/5检测到4V的方波信号时，即直流互锁回路完整，电池管理器B控制高压主正、主负继电器闭合，车辆才能上高压电。如果未检测到4V的方波信号，则表明直流互锁回路完整性缺失，存在故障。为保证乘员安全，电池管理器B控制高压主正、主负继电器断开，车辆不能上高压电。

【学习评价表】

评价内容	配分	序号	具体指标	分值	得分 自评	组评	师评
作业准备	15	1	防护服、安全靴、绝缘手套等安全防护用具的正确穿戴	5			
		2	了解高压互锁电路的组成	5			
		3	准备好所需的工具并确保工具能正常使用	5			
工作安全	25	4	不违章作业	5			
		5	遵守作业程序	5			
		6	无人员受伤或设备损伤	5			
		7	遵守工作制度	5			
		8	发现问题及时报告	5			
工作过程	35	9	了解高压互锁电路的原理	15			
		10	了解高压互锁控制策略	20			
职业素养	25	11	遵守规章制度	5			
		12	作业规范	5			
		13	流程正确	5			
		14	无违章操作	5			
		15	工作效率高	5			
综合得分				100			

5.3　比亚迪秦 EV 高压互锁故障检修

【学习目标】

知识目标

1. 掌握比亚迪秦EV电动汽车高压互锁系统的工作原理。
2. 掌握比亚迪秦EV电动汽车高压互锁故障诊断的方法。

能力目标

1. 具备安全操作基本常识。
2. 会使用检测设备。

素质目标

1. 树立安全第一的思想，注意个人安全、他人安全、设备安全。
2. 保持作业环境卫生，设备、设施干净整洁。
3. 具有安全规范操作意识，遇事临危不惧，遵守各项实训安全规定。

【知识链接】

一、故障现象

踩下制动踏板，按下一键启动开关，仪表板上正常点亮，低压上电正常，但OK灯不亮，没有听到高压接触器的动作声，仪表板上显示EV功能受限，动力系统故障灯点亮。

二、现象分析

根据故障现象无法确定故障所在，使用解码仪读取故障码，故障码显示为P1A6000，高压互锁1故障。

三、诊断过程

1. 示波器测量BK45（B）/5对地波形，正常为0~4V的方波，实测为5V的一条直线，异常。
2. 示波器充配电总成BK46/13对地波形，正常为0~4V的方波，实测为0~4V的方波，正常。

结论：BK45（B）/5至BK46/13之间的线路可能断路。

3. 断开蓄电池负极，用万用表测量BK45（B）/5至BK46/13之间的线路电阻，正常值应小于1Ω，实测为无穷大。

结论：BK45（B）/5至BK46/13之间的线路断路。

四、机理分析

由于电池管理系统BMS与充配电总成之间的高压互锁线路断路，导致BMS无法判断高压系统的完整性，所以打开一键启动开关时高压上电失败。

【学习评价表】

评价内容	配分	序号	具体指标	分值	得分 自评	得分 组评	得分 师评
作业准备	15	1	防护服、安全靴、绝缘手套等安全防护用具的正确穿戴	5			
		2	了解高压互锁系统	5			
		3	准备好所需的工具并确保工具能正常使用	5			
工作安全	25	4	不违章作业	5			
		5	遵守作业程序	5			
		6	无人员受伤或设备损伤	5			
		7	遵守工作制度	5			
		8	发现问题及时报告	5			
工作过程	35	9	了解高压互锁的原理	15			
		10	了解高压互锁故障诊断的方法	20			
职业素养	25	11	遵守规章制度	5			
		12	作业规范	5			
		13	流程正确	5			
		14	无违章操作	5			
		15	工作效率高	5			
综合得分				100			

项目六 车辆无法充电故障诊断与排除

项目概述

电动汽车充电系统是电动汽车运行的关键组成部分,它提供了将电能从电网输送到电动汽车的途径。它由充电设备、充电桩、电动汽车电池、充电控制器、电源管理系统和充电管理系统组成。通过这一系统,可以实现电动汽车的充电、管理和控制,为电动汽车的使用提供了可靠和便捷的充电方式。其充电方式主要包含快速(直流)充电和慢速(交流)充电两种方式。汽车维修人员为了保证电动汽车充电系统能为汽车安全可靠地充电续航,就必须了解汽车充电系统的结构组成,掌握其工作原理、控制电路及其检测维修方法,这样才能对电动汽车充电系统的故障进行诊断与排除。

本项目包含4个基本学习任务,即电动汽车充电系统概述、交流慢充的组成与工作原理、比亚迪秦EV充电系统故障检修(一和二)。

通过本项目的学习,你要在知识、技能、行为习惯等方面达到以下相关要求:

序号	学习内容(知识、技能、行为习惯、职业素养)	评价标准			
		了解知道	理解掌握	指导下操作	独立操作
1	安全规范的操作				√
2	实训室、学习环境整洁有序				√
3	团队合作学习、积极思考				√
4	工具的正确选择和使用				√
5	熟悉电动汽车充电系统的结构组成		√		
6	掌握比亚迪秦EV充电系统的工作原理		√		
7	掌握比亚迪秦EV充电系统的故障诊断与排除			√	
8	熟练检测仪器、仪表的使用方法				√
9	熟练维修手册和电路图的查阅				√

6.1 电动汽车充电系统概述

【学习目标】

❋ 知识目标

1. 了解新能源汽车（电动汽车）充电技术的概况。
2. 知道新能源汽车充电系统的组成与功用。
3. 知道新能源汽车（动力电池）充电的方法及特点。

❋ 能力目标

1. 能说出新能源汽车充电系统的组成与功用。
2. 能说出新能源汽车充电的方法及特点。

❋ 素质目标

1. 培养学生克服困难的意志品质，并树立其爱学习、爱动手的好习惯。
2. 让学生养成乐于合作、积极向上的意志品质。

【知识链接】

一、新能源汽车充电技术的概况

新能源汽车，特别是纯电动汽车的充电技术，最关键的问题是如何能实现高效率的快速充电。这关系到充电器的容量和性能、电网的承载能力和动力电池的承受能力等。随着动力电池本身充放电速度的不断提高，充电系统的性能也在不断地改进，以满足在多种不同应用情况下的快速充电需求。由于电力的储运和使用比汽油方便得多，充电设备的建造也呈现出多样性和灵活性，既可以为集中式的充电站，也可以设置在道路边、停车场、购物中心等任何方便停车的地方。除了固定充电装置，电动汽车还带有车载充电器，可以在夜间利用家里的市电插座进行充电，甚至还可以在用电高峰期把电力逆变后返送回电网。目前，根据不同的汽车动力电池电压和容量、充电速度要求，以及电网供电容量等因素的考量，固定充电器的容量一般在15～100kW，输出电压一般为50～500V。车载充电器容量则在3kW左右。

目前，世界各国都在研究电动汽车的快速充电技术。欧洲已研发出充电10min可行驶100km的快速充电系统。美国也已经研发出充电6min可以行驶100km的超快速充电系统。这些系统都采用国际通用的快速充电标准接口，输入电源可以用交流电，也可以用直流电。

由于快速充电系统需要强大的瞬时功率，所以在快速充电设施中电网的承载能力是一个关键的制约因素。如果想要把充电速度进一步提高，从普通电网直接供电基本上不可能实现。为了解决这个矛盾，技术人员正着手研发新一代带有储能缓冲环节的超快速充电系统。这项技术目前还处于早期发展阶段，但已经有示范系统展示。汽车在行驶中充电叫作在线充电，这也是技术人员将要研究和开发的技术之一。这种技术一旦实施，车载的电池容量将可以降低。随着电动汽车市场的迅速发展，这些技术一定会得到广泛的应用并产生巨大的经济效益。

二、新能源汽车充电系统的组成

充电系统是新能源汽车主要的能源补给系统。充电系统示意图如下图所示。

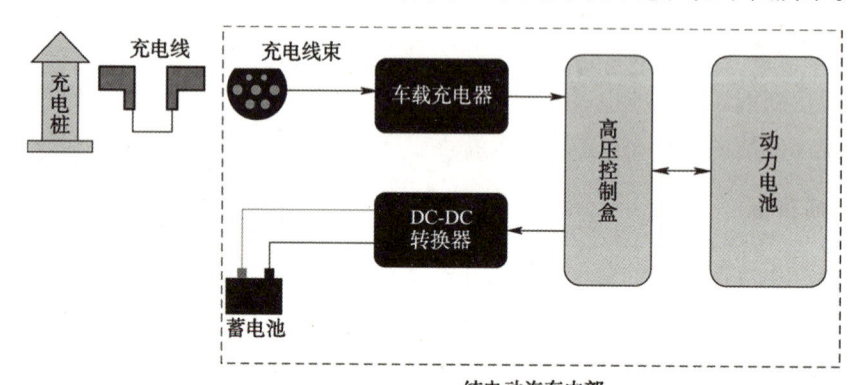

充电系统示意图

新能源汽车充电系统主要由充电桩、充电线束、车载充电器、高压控制盒、动力电池、DC-DC转换器、蓄电池、各种高压线束和低压线束等组成。下面简单介绍新能源汽车充电系统的主要组成部分：充电桩和车载充电器。

1. 充电桩

充电桩是新能源汽车充电系统的配套设施，分为交流充电桩和直流充电桩。

（1）交流充电桩。

右图为交流充电桩，俗称"慢充"，固定安装在电动汽车外，与交流电网连接，是为电动汽车车载充电器提供交流电源的供电装置。交流充电桩只提供电力输出，没有充电功能，需连接车载充电器为电动汽车充电，相当于只是起了一个控制电源的作用。

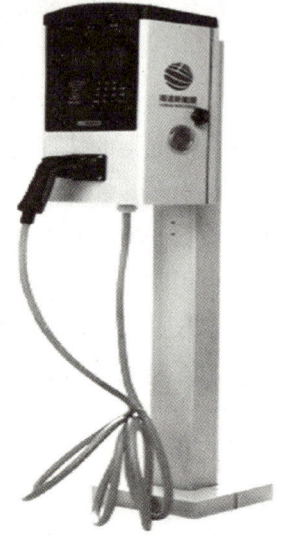

交流充电桩

（2）直流充电桩。

右图为直流充电桩，俗称"快充"，固定安装在电动汽车外，与交流电网连接，是为非车载电动汽车动力电池提供直流电源的供电装置。直流充电桩的输入电压采用三相四线AC 380V（1±15%），频率为50Hz，输出为可调直流电，直接为电动汽车的动力电池充电。

2. 车载充电器

车载充电器（On-board Charger，也称车载充电机），如下图所示。车载充电器是充电系统的重要组成部件，将220V交流电转化为动力电池的直流电，实现电池电量的补给。

直流充电桩

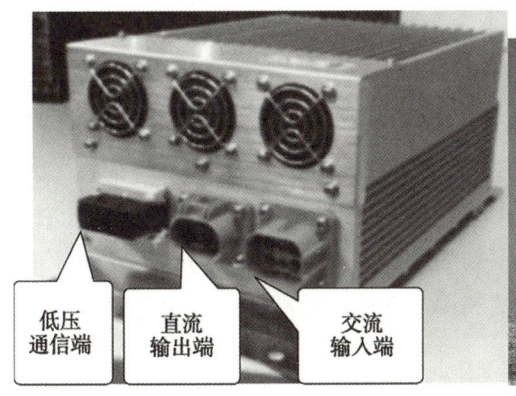

车载充电器

三、新能源汽车动力电池充电的方法

新能源汽车动力电池充电的方法主要有快速充电（直流快充）、常规充电（交流慢充）和更换电池等。

直流快充和交流慢充方式的区别如下。

直流快充主要是通过充电站的充电桩将直流高压电直接通过直流充电口给动力电池充电。

交流慢充主要是通过家用电源插头和交流充电桩接入交流充电口，通过车载充电器将220V交流电转换为330V直流电给动力电池充电。

1. 快速充电

蓄电池的常规充电方法一般时间较长，给实际使用带来诸多不便。快速充电电池的出现，为纯电动汽车的商业化提供了技术支持。

快速充电又称直流快充或应急充电，是以较大直流电流在新能源汽车停车的20min～2h的短时间内，为其提供充电服务，一般充电电流为150～400A。

2. 常规充电

蓄电池在放电终止后，应立即充电（在特殊情况下也不应超过24h）。常规充电电流相当低，约为15A，这种充电叫作常规充电（交流慢充或慢速充电）。蓄电池的常规充电方法都采用小电流的恒压或恒流充电，一般充电时间为5～8h，甚至长达10～20h。这种充电方式是利用车载充电器，接220V交流电即可。

3. 更换电池

充电难、充电时间长、续航里程短的问题，一直困扰着新能源汽车用户。北汽新能源提出"嫌充电慢不如去换电"的想法，它与中国石油化工股份有限公司北京分公司签订战略合作协议，双方合作开展新技术、新产业在企业生产和管理中的应用。第一步就是利用加油站场地资源建设换电站，最先受益的是北京电动出租车。

现在国内运营的电动出租车续航里程在150～250km，但充满一次电需要1h以上，部分车辆甚至需要2h，这严重影响了出租车的运营效率。北汽新能源开发的C50EB换电出租车换一块充满电的电池仅需要3min，比普通燃油车加油还快，而且换一次电池可以行驶200km，这不仅可以提高运营效率，还可以实现出租车的双班运营，提高出租车公司的效益。此次大力推广换电模式出租车运营是解决出租车电动化的最佳途径，驾驶员收入增加、出租车公司实现双班运营、换电服务公司发展了新的业务、新能源汽车得到了发展并带动了下游产业链的发展、电网实现了低谷电的有效利用、燃油补贴减少实现绿色财政，真正实现了全产业链的共赢。

直接更换电动汽车的动力电池组时需要考虑的是，由于动力电池质量较大，更换时的专业化要求较高，故需配备专业人员借助专业机械来快速完成电池的更换、充电和维护。

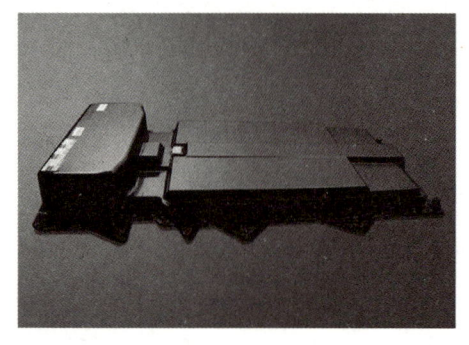

动力电池

6.2 交流慢充的组成与工作原理

【学习目标】

知识目标

1. 知道新能源汽车交流充电系统的结构组成。
2. 知道新能源汽车交流充电系统的工作原理。

能力目标

1. 能说出新能源汽车交流充电系统的组成与功用。
2. 能说出新能源汽车交流充电系统的方法及特点。

素质目标

1. 培养学生全面发展的品德素质，通过参与各种实践活动建立正确的价值观念。
2. 培养学生的自我认知能力、独立思考能力、发现问题和解决问题的能力。

【知识链接】

一、交流充电系统的结构组成

交流充电系统主要由充电桩、充电插口、高压充配电总成、高压控制盒（PDU）、动力电池、充电指示灯及高压导线等组成，比亚迪秦EV交流充电系统的结构原理图如下图所示。

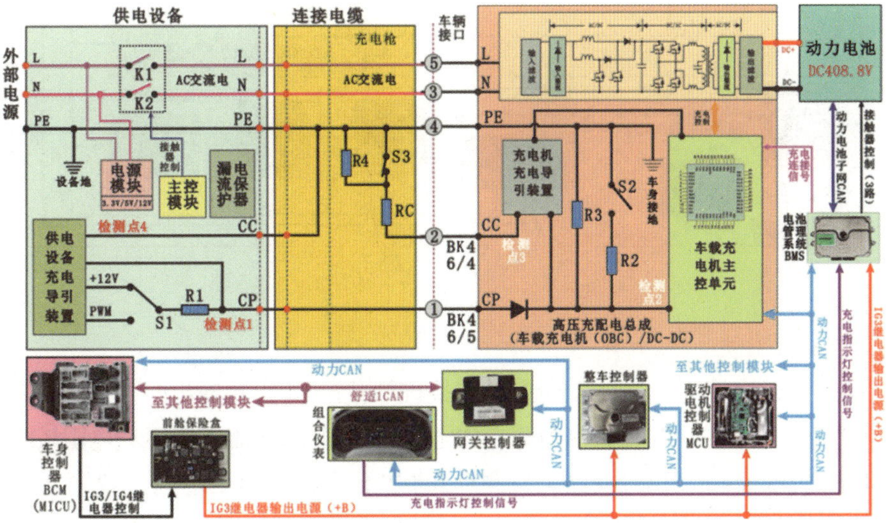

比亚迪秦 EV 交流充电系统的结构原理图

二、交流充电系统的工作原理

电动汽车充电方式主要包含快速（直流）充电和慢速（交流）充电两种方式，本节仅讲述慢速（交流）充电方式。车辆慢充过程主要有以下步骤：物理连接，充电模式启动，供电设备启动，慢充连接确认，IG继电器控制（双路电继电器），数据交换，充电功能启动，动力电池接触器控制，充电枪锁止，供电设备继电器控制，充电前预热控制，充电过程监控，充电散热（冷却）控制，充电停止，非正常条件下充电功能停止。下面主要介绍充电成功的步骤。

1. 物理连接

物理连接就是用充电枪把供电设备和车辆侧充电口连接，供电设备和AC 220V交流插座连接，实现充电线路贯通。

2. 充电模式启动

在电动汽车和供电设备建立电气连接后，高压充配电总成通过测量导引线路中定义的检测点3（CC）与PE之间的电阻（电压）值来判断当前充电连接装置（电缆）的额定容量和连接状态。下图为比亚迪秦EV充电枪连接确认信号CC线路图。

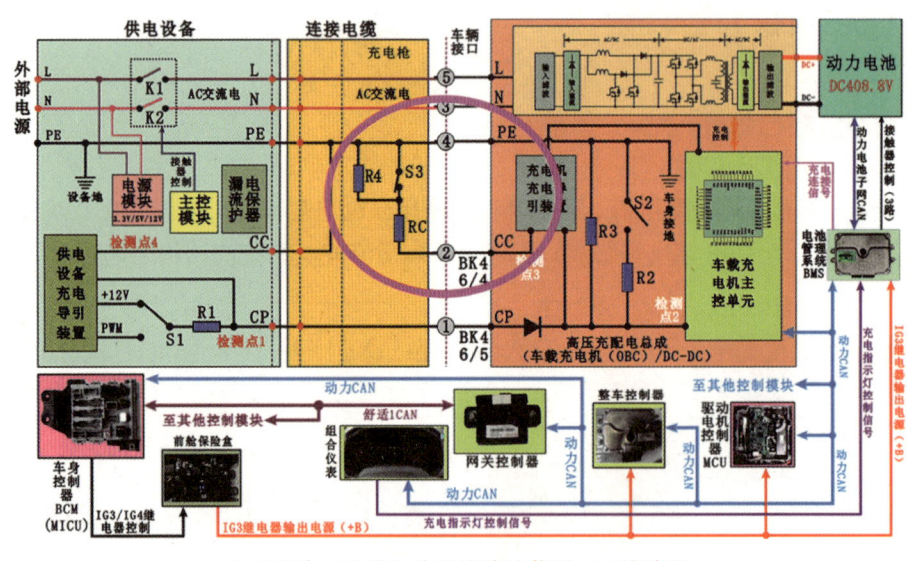

比亚迪秦EV充电枪连接确认信号CC线路图

3. 供电设备启动

供电设备接通交流电源后，会向充电连接确认信号CP线路输出+12V电压；充电枪连接后，被OBC内部充电导引装置中串联在CP信号线路上的整流二极管和电阻R3拉低至9V并保持。OBC内部监测CP信号线路上检测点2的电压，如果检测到检测点2的电压变为9V，则OBC判定供电设备通过充电枪与车辆已连接，OBC进入准备阶段。

与此同时，交流供电设备根据CP信号线路上检测点1的9V电压判断供电设备与车辆已连接，供电设备也进入准备阶段。

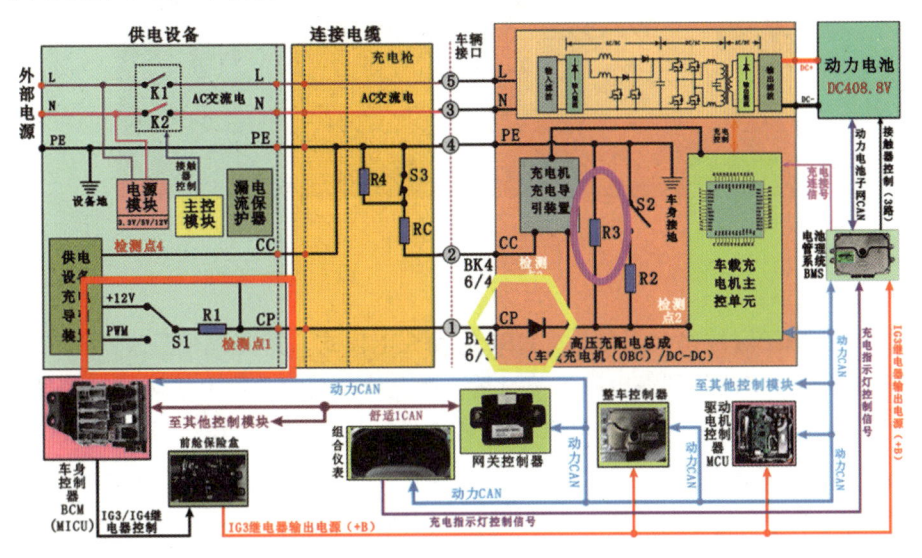

比亚迪秦EV充电连接确认信号CP线路图

4. 慢充连接确认

高压充配电总成根据其检测到的CC信号和CP信号，确认供电设备、充电枪和车辆完全连接，进而将下图所示的圈示位置的BMS输出的高电位（10.74V）充电连接信号拉低至低电位（2.86V），BMS检测到充电连接信号变化，即确认车辆通过充电枪与供电设备已连接，然后BMS通过其与组合仪表板之间的充电指示灯控制信号让组合仪表板上的充电连接指示灯点亮，提醒驾驶员车辆进入充电模式，充电枪已连接。

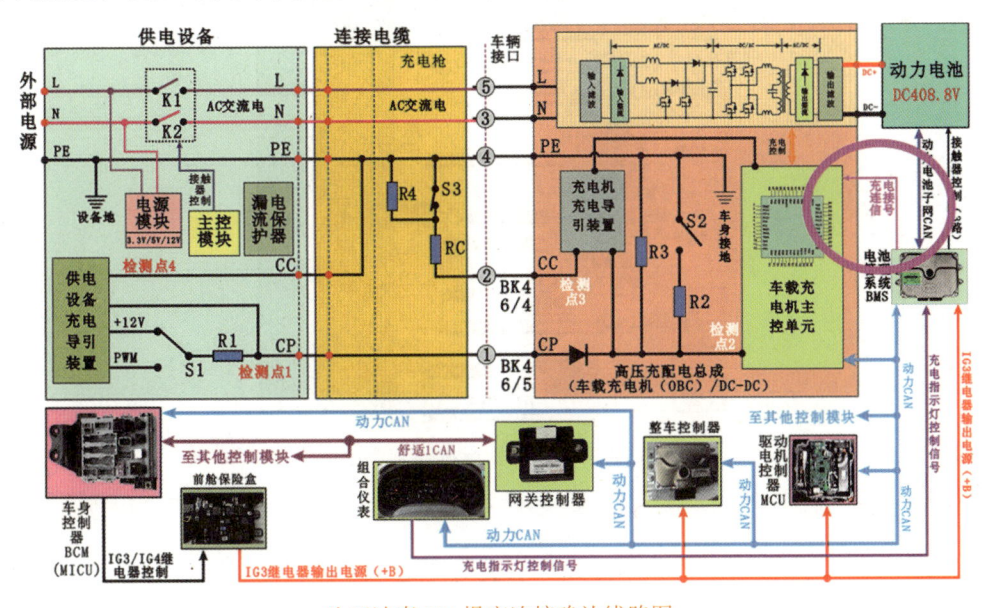

比亚迪秦EV慢充连接确认线路图

比亚迪秦 EV 充电指示灯

5. IG 继电器控制

当CC信号和CP信号完全正常后，OBC启动充电模式，并将此信息发送至BMS、组合仪表、BCM等。BCM接收到充电启动信息后，首先结合当前总线上的热管理信息，控制IG继电器闭合，下图为比亚迪秦EV IG继电器控制原理图，可以看出，系统有IG3和IG4两个IG继电器，其中IG3继电器为BCM、MCU、高压模块水泵、BMS等提供IG信号及功率电源；IG4为动力电池水泵、电子膨胀阀、PTC加热器、电动压缩机、空调控制器等提供IG信号及功率电源。

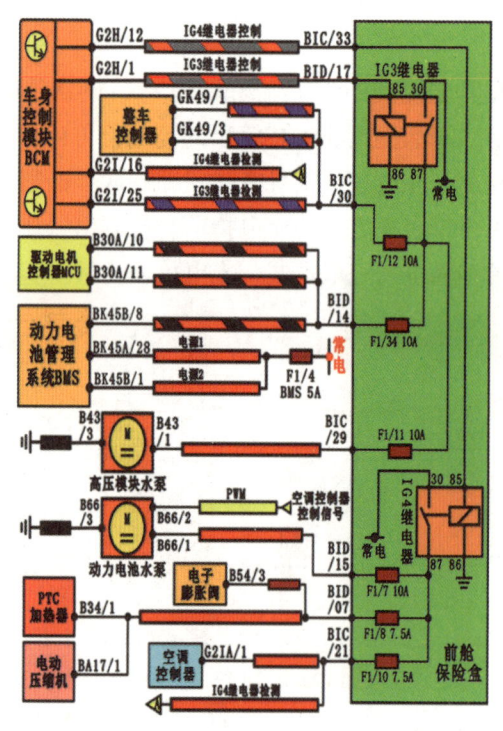

比亚迪秦 EV IG 继电器控制原理图

6. 数据交换

OBC、BMS、DC-DC、P-CAN总线、舒适CAN总线被激活后，就进入数据交换阶段。OBC向BMS发送时间同步信息、最高输出电压、最低输出电压、最大输出电流等信息。BMS

向OBC发送动力电池最高允许充电电压、最高允许充电电流、慢充系统标称总能量、最高允许充电总电压、最高允许温度、慢充系统荷电状态、慢充系统总电压、动力电池温度等参数信息，向MCU发送驱动电机控制禁止启动命令，向空调控制器、VCU发送动力电池预热或冷却启动信息。

7. 充电功能启动

在CP（充电连接确认）信号线路上9V电压保持的过程中，车辆端的容量设定、系统唤醒、自检及数据交换等需在3s内完成。如果信息出现异常或无信息持续的时间大于3s，则充电功能将不会启动。

8. 动力电池接触器控制

BMS接收到OBC发送的充电功能启动信息及整车无故障信息后，首先控制主负接触器闭合，同时对总线上的信息持续检测，并对主负接触器断路、预充电阻断路、预充接触器粘连、主正接触器粘连进行检测。如果检测成功，则闭合预充接触器，车辆进入预充状态。

在预充阶段，BMS对预充接触器断路、预充电阻、整车高压绝缘进行检测。如果预充阶段一切正常，则动力电池母线电压达到90%以上时，预充结束，BMS控制主正接触器闭合，接通高压主正回路，然后3s内断开预充接触器。主正接触器接通后，BMS检测主正接触器状态、整车高压绝缘状态、所有系统通信、检测均正常后，OBC开始输出DC 408.8V高压，为车辆进行充电，同时MCU启动DC-DC转换器工作，为辅助蓄电池提供持久的+B充电电源。

6.3 比亚迪秦 EV 充电系统故障检修（一）

【学习目标】

知识目标

1. 知道比亚迪秦EV充电系统充电连接确认和充电控制确认信号的含义。
2. 知道比亚迪秦EV充电系统充电连接确认和充电控制确认信号电路的检测方法。

能力目标

1. 会查阅维修手册和充电系统电路图。
2. 正确地使用仪器检测仪表，并会分析检测结果。
3. 会书写诊断报告。

✿ 素质目标

1. 树立安全第一的思想，注意个人安全、他人安全、设备安全。
2. 保持作业环境卫生，设备、设施干净整洁。
3. 严格执行车间7S管理规范。

【知识链接】

一、故障现象

一辆2019款比亚迪秦EV汽车充电时仪表板上的充电连接指示灯不亮且无法充电。
（1）充电设备电源指示灯正常点亮。
（2）连接充电枪到车辆，仪表板上的充电连接指示灯不亮，且始终提示"充电连接中"，但无法跳转到充电信息显示界面，供电设备连接指示灯不闪烁。
（3）接着按下一键启动开关，高压上电正常，仪表板上的充电连接指示灯点亮。
（4）读取故障代码：P157400供电设备故障。

二、现象分析

充电过程中充电连接指示灯不亮，说明"CC、CP信号→高压充配电总成→BMS→组合仪表"存在故障；而当按下一键启动开关时，充电连接指示灯点亮，说明"CC信号→高压充配电总成→BMS→组合仪表"工作正常。综合以上两种情况，说明在充电过程中组合仪表没有对充电线束连接做出反应，一方面可能是由于高压充配电总成没有接收到正确的CP信号，或者是高压充配电总成对CP信号没有做出正确的反应。

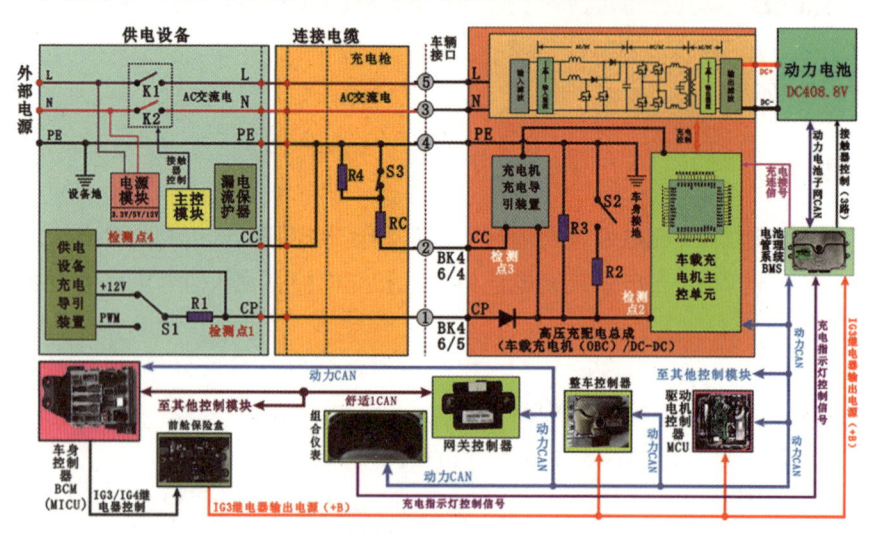

比亚迪秦 EV 充电系统控制原理图

根据故障代码的定义，说明高压充配电总成是根据CP信号电压来判定其与供电设备之间连接的，如果高压充配电接收到来自充电枪的CC信号，而没有接收到任何来自供电设备的CP信号，则出现该故障代码。

综合故障现象和故障代码，说明可能的故障原因如下。

（1）供电设备故障。

（2）充电枪故障。

（3）交流充电口到OBC之间的CP信号相关线路故障。

（4）高压充配电总成故障。

三、故障检测

（1）连接充电枪到车辆，用示波器测量OBC端BK46/05对地信号波形，正常为0V→9V→9V方波→6V方波，实测为0V不变，异常。

（2）连接充电枪到车辆，用示波器测量充电口端KB53（B）/1对地信号波形，正常为0V→9V→9V方波→6V方波，实测为+B不变，异常，说明充电口端KB53（B）/1到OBC端BK46/5之间的线路断路。

（3）关闭一键启动开关，拆下蓄电池负极接线，拔掉高压充配电总成连接器，用万用表测量充电口端KB53（B）/1到OBC端BK46/5之间的线路阻值，为无穷大。

（4）排除充电口至OBC之间的CP信号线路断路故障，系统恢复正常。

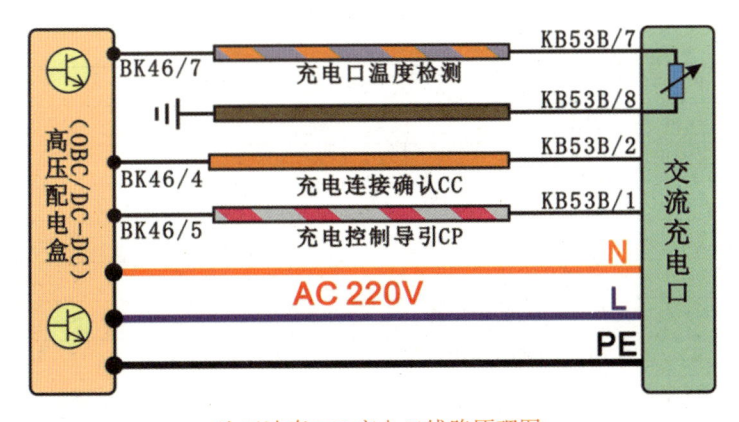

比亚迪秦 EV 充电口线路原理图

四、故障机理分析

由于充电口至OBC之间的CP信号线路断路，导致车载充电机无法正常确认供电设备连接状态，所以连接充电枪到车辆后，仪表板上的连接信号灯不能点亮，无法充电。

【实训操作】

一、实训准备

1. 工作场景：实训车间。
2. 工作器材：比亚迪秦EV整车、维修手册、汽车诊断仪、高压安全防护用具、工具车。

二、实训内容

1. 正确安装安全防护用具。
2. 正确查阅维修手册及电路图。
3. 在实训车辆上安全规范地进行检测诊断。
4. 排除车辆故障。
5. 书写实训报告。

【学习评价表】

评价内容	配分	序号	具体指标	分值	得分 自评	得分 组评	得分 师评
作业准备	15	1	防护服、绝缘手套等安全防护用具的正确穿戴和安装	5			
		2	了解比亚迪秦 EV 充电系统连接确认和充电控制确认的含义原理	5			
		3	准备好所需的工具、仪器并确保能正常使用	5			
工作安全	25	4	不违章作业	5			
		5	遵守作业程序	5			
		6	无人员受伤或设备损伤	5			
		7	遵守工作制度	5			
		8	发现问题及时报告	5			
工作过程	35	9	正确使用安全防护用具	5			
		10	能够规范正确地使用汽车诊断仪、示波器、万用表	5			
		11	会查阅维修手册和电路图	5			
		12	会分析检测结果	5			
		13	会书写诊断报告	15			
职业素养	25	14	遵守规章制度	5			
		15	作业规范	5			
		16	流程正确	5			
		17	结果分析正确	5			
		18	工作效率高	5			
综合得分				100			

6.4 比亚迪秦 EV 充电系统故障检修（二）

【学习目标】

知识目标

1. 知道比亚迪秦EV交流充电口温度传感器的功用。
2. 知道比亚迪秦EV交流充电系统温度传感器的检测方法。

能力目标

1. 会查阅维修手册和充电系统电路图。
2. 正确地使用仪器检测仪表，并会分析检测结果。
3. 会书写诊断报告。

素质目标

1. 培养学生安全意识。
2. 保持作业环境卫生，设备、设施干净整洁。
3. 严格执行车间7S管理规范。

【知识链接】

一、交流充电口温度传感器信号线路断路故障检测

1. 故障现象

（1）充电设备电源指示灯始终正常点亮。

（2）连接32A供电设备至车辆慢充接口，释放充电枪锁止开关。此时动力电池包内接触器发出正常的上电"咔嗒"声，充电枪锁止正常，车辆充电正常。但仪表板上显示充电功率只有2.3kW（正常值应该在4kW以上），充电时间达到9h。等待30 min后，充电功率也不增加。

（3）读取故障代码：P158900，充电口温度采样异常。

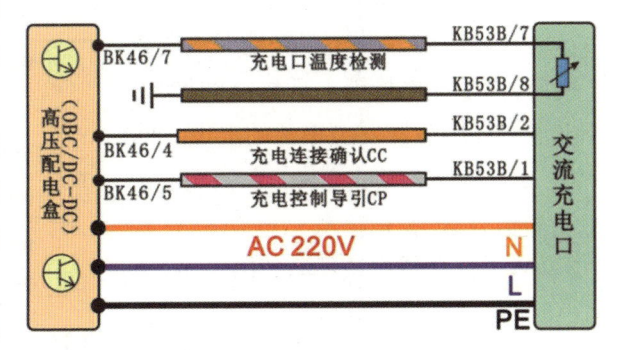

比亚迪秦 EV 充电口线路原理图

2. 现象分析

仪表板上显示的充电功率和当前所选用的供电设备功率不匹配，也和正常情况下显示的功率不匹配，说明车辆在充电过程中系统启动故障保护功能，限制充电功率，而结合车辆充电控制逻辑和故障代码，可能为充电口温度异常。

可能的故障原因如下。

（1）温度传感器故障。

（2）温度传感器线路故障。

（3）OBC内部故障。

3. 故障诊断

（1）连接充电枪到车辆，用万用表测量OBC的BK46/7对地电压，常温下电压应该为2.5V左右（根据温度不同会有变化），实测为5V，异常，说明信号线路可能存在断路。

（2）连接充电枪到车辆，用万用表测量交流充电口的KB53（B）/7对地电压，常温下电压应该为2.5V左右（根据温度不同会有变化），实测为0V，异常，说明BK46/7到KB53(B)/7之间的线路断路。

（3）关闭一键启动开关，拆下蓄电池负极接线，断开交流充电口与OBC之间线路两端的插接器，用万用表测量交流充电器与OBC之间的线路阻值，为无穷大。

（4）排除交流充电口温度传感器信号线路断路故障，系统恢复正常。

4. 原理分析

由于交流充电口温度传感器信号线路断路，导致OBC无法准确监测到充电口的温度，所以OBC会限制充电电流，避免温度过高对车辆造成的损坏。

二、交流充电口温度传感器接地线路虚接故障检测

1. 故障现象

（1）充电设备电源指示灯始终正常点亮。

（2）连接32A供电设备至车辆慢充接口，释放充电枪锁止开关。此时动力电池包内接触器发出正常的上电"咔嗒"声，充电枪锁止正常，车辆充电正常。但仪表板上显示充电功率只有2.3kW（正常值应该在4kW以上），充电时间达到9h。等待30min后，充电功率不增加。

（3）读取故障代码：P158900，充电口温度采样异常。

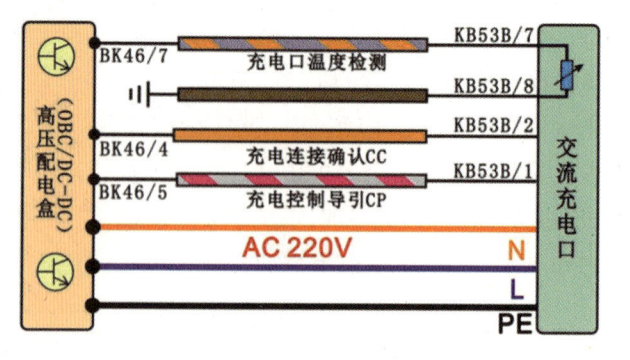

比亚迪秦 EV 充电口线路原理图

2. 现象分析

仪表板上显示的充电功率和当前所选用的供电设备功率不匹配，也和正常情况下显示的功率不匹配，说明车辆在充电过程中系统启动故障保护功能，限制充电功率，而结合车辆充电控制逻辑和故障代码，可能为充电口温度异常。

可能的故障原因如下。

（1）温度传感器故障。

（2）温度传感器线路故障。

（3）OBC内部故障。

3. 故障诊断

（1）连接充电枪到车辆，用万用表测量OBC的BK46/7对地电压，常温下电压应该为2.5V左右（根据温度不同会有变化），实测为4.5V，异常，说明测试点与地之间的电阻过大。

（2）连接充电枪到车辆，用万用表测量交流充电口的KB53（B）/7对地电压，常温下电压应该为2.5V左右（根据温度不同会有变化），实测为4.5V，异常。

（3）连接充电枪到车辆，用万用表测量交流充电口的KB53（B）/8对地电压，常温下电压应该小于0.1V，实测为2V，说明接地线路虚接。

（4）关闭一键启动开关，拆下蓄电池负极接线，拔下交流充电口连接器，用万用表测量温度传感器接地线路阻值，为500Ω。

（5）排除交流充电口温度传感器接地线路虚接故障，系统恢复正常。

4. 原理分析

由于交流充电口温度传感器接地线路虚接，导致OBC无法准确监测到充电口的温度，所以OBC会限制充电电流，避免温度过高对车辆造成的损坏。

【实训操作】

一、实训准备

1. 工作场景：实训车间。
2. 工作器材：比亚迪秦EV整车、维修手册、汽车诊断仪、高压安全防护用具、工具车。

二、实训内容

1. 正确使用安全防护用具。
2. 正确查阅维修手册及电路图。
3. 在实训车辆上安全规范地进行检测诊断。
4. 排除车辆故障。

5. 书写实训报告。

【学习评价表】

评价内容	配分	序号	具体指标	分值	得分 自评	得分 组评	得分 师评
作业准备	15	1	防护服、绝缘手套等安全防护用具的正确穿戴和安装	5			
		2	了解比亚迪秦EV充电口温度传感器的功用与原理	5			
		3	准备好所需的工具、仪器并确保能正常使用	5			
工作安全	25	4	不违章作业	5			
		5	遵守作业程序	5			
		6	无人员受伤或设备损伤	5			
		7	遵守工作制度	5			
		8	发现问题及时报告	5			
工作过程	35	9	正确使用安全防护用具	5			
		10	能够规范正确地使用汽车诊断仪、万用表	5			
		11	会查阅维修手册和电路图	5			
		12	会分析检测结果	5			
		13	会书写诊断报告	15			
职业素养	25	14	遵守规章制度	5			
		15	作业规范	5			
		16	流程正确	5			
		17	结果分析正确	5			
		18	工作效率高	5			
综合得分				100			

项目七 车辆无法行驶故障诊断与排除

项目概述

车辆无法行驶故障诊断与排除主要涉及新能源汽车驱动电机系统的故障诊断与排除，驱动系统是电动汽车最重要的系统之一。电动汽车运行性能的好坏主要是由其驱动系统决定的。电动汽车驱动系统由牵引电机、电机控制器、机械传动装置、车轮等构成。它的储能动力源是电池组。电机控制器接收从加速踏板（相当于燃油汽车的油门）、制动踏板和PDRN（停车、前进、倒车、空档）控制手柄的输出信号，控制牵引电机的旋转，通过减速器、传动轴、差速器、半轴等机械传动装置（当电动汽车使用电动轮时机械传动装置有所不同）带动驱动车轮。当车辆减速时，电机对车辆前进起制动作用，这时电机处在发电机运行状态，给储能动力源充电，称之为再生制动。动力驱动系统的再生制动功能是非常重要的，它能使电动汽车一次充电后行驶的里程增加15%～25%。

本项目包含8个基本学习任务，分别是驱动电机系统的认知、电机控制器的结构与工作原理、电机驱动系统温度传感器的检测、驱动电机旋转变压器的检测、驱动电机系统常见故障诊断与检测方法、车辆无法行驶故障检测（一）、车辆无法行驶故障检测（二）、车辆无法行驶故障检测（三）。

通过本项目的学习，你要在知识、技能、行为习惯等方面达到以下相关要求：

序号	学习内容（知识、技能、行为习惯、职业素养）	评价标准			
		了解知道	理解掌握	指导下操作	独立操作
1	安全规范的操作				√
2	实训室、学习环境整洁有序				√
3	团队合作学习、积极思考				√
4	工具的正确选择和使用				√
5	驱动电机类型	√			
6	驱动电机系统的作用与组成		√		
7	驱动电机控制器的工作原理		√		
8	驱动电机与控制器冷却系统的结构组成	√			
9	驱动电机冷却系统的功用及控制策略		√		
10	电机温度传感器的检测方法				√
11	旋转变压器的组成结构	√			√
12	旋转变压器的作用、安装位置及检测方法				√
13	驱动电机系统常见故障分析				√
14	电机控制器MCU的故障诊断方法				√

7.1　驱动电机系统的认知

【学习目标】

知识目标

1. 了解驱动电机系统的作用与组成。
2. 了解驱动电机的作用及类型。
3. 了解驱动电机控制器的功用。
4. 了解驱动电机与控制器冷却系统的功用。

能力目标

1. 能够认识驱动电机及驱动电机控制器。
2. 知道零部件的安装位置。

素质目标

1. 具有资料查询、收集、整理及分析的能力。
2. 具有自主学习能力。

【知识链接】

一、驱动电机系统的作用与组成

驱动电机系统由驱动电机、驱动电机控制器组成，通过高低压线束、冷却管路，与整车其他系统进行电气和散热连接。驱动电机系统的基本组成框图如下图所示。

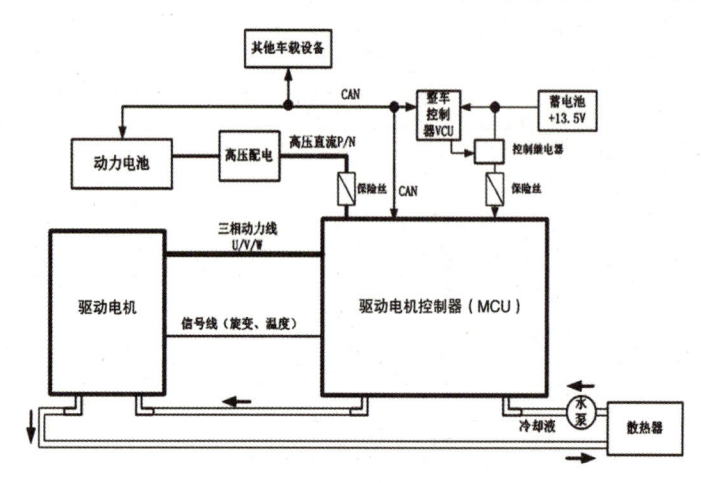

驱动电机系统的基本组成框图

驱动电机系统是车辆行驶的主要执行机构，其特性决定了车辆的主要性能指标，直接影响车辆的动力性、经济性和用户驾乘感受。可见，驱动电机系统是纯电动汽车中十分重要的部件。

整车控制器（VCU）根据驾驶员意图发出各种指令，驱动电机控制器响应并反馈，实时调整驱动电机的输出，以实现整车的怠速、前行、倒车、停车、能量回收及驻坡等功能。驱动电机控制器的另一个重要功能是通信和保护，实时进行状态和故障检测，保护驱动电机系统和整车安全可靠运行。

二、关于驱动电机的认知

驱动电机是车辆的唯一动力源向外输出扭矩，驱动车辆前进或后退。根据车辆不同的运行状态，新能源汽车的驱动电机具有电力驱动和能量回收两种工作模式。常见的一类驱动电机如下图所示。

常见的一类驱动电机

当车辆采用电力驱动时，动力电池的高压直流电输送至驱动电机控制器，驱动电机控制器将直流电转换为交流电输送给驱动电机，驱动电机运转时产生的扭矩传递给驱动轮使车辆行驶。电力驱动过程如下图所示。

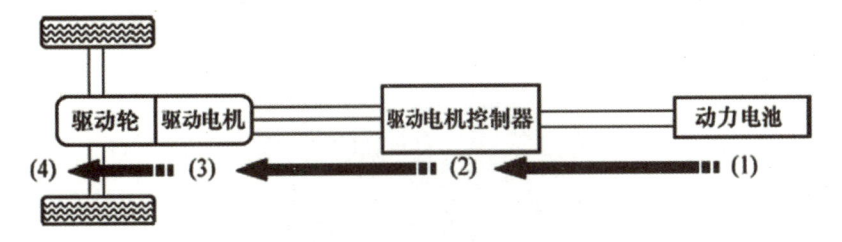

电力驱动过程

在再生能量阶段，通过车轮的旋转带动驱动电机转动。此时驱动电机由电动机转换为发电机，由驱动电机控制器将驱动电机产生的交流电转换为直流电，然后向动力电池充电，如下图所示。

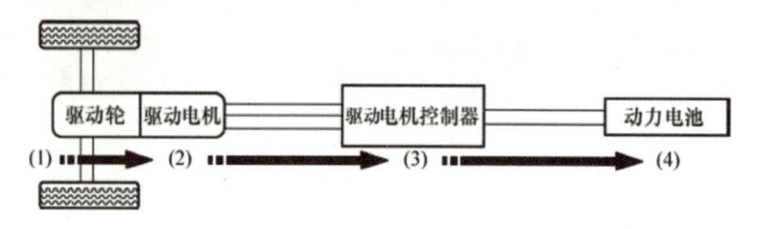

能量回收过程

旋转变压器简称旋变，是一种能转动的变压器，主要由旋转变压器转子和定子组成，如下图所示。它用于检测驱动电机转子的位置和转速，是一种输出电压随转子转角变化的信号元件。

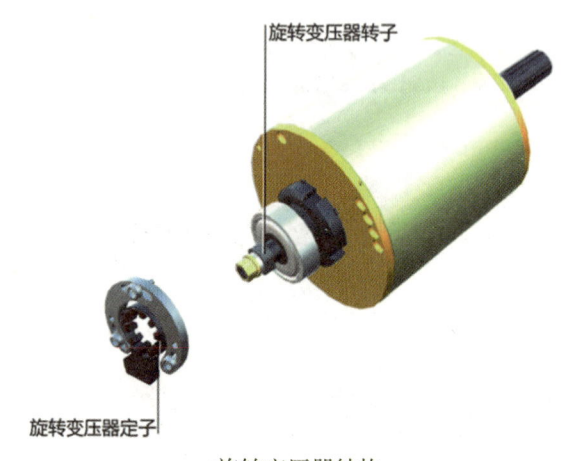

旋转变压器结构

三、关于驱动电机控制器的认知

驱动电机控制器（MCU）响应并反馈整车控制器（VCU）根据驾驶员意图发出的各种指令，负责控制驱动电机的前进、倒退，维持电动汽车的正常运转，关键零部件为IGBT。IGBT实际上为大电容，目的是控制电流的工作，保证能够按照驾驶员的意愿输出合适的电流参数。常见的驱动电机控制器如下图所示。

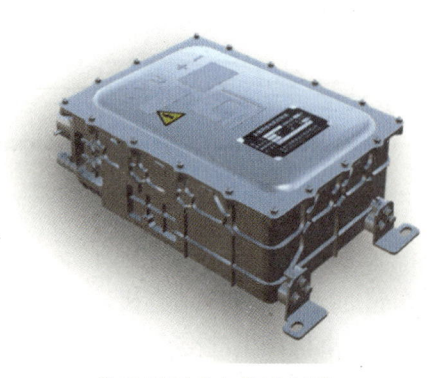

常见的驱动电机控制器

从配电箱一路流向驱动电机控制器的电量，由主控ECU根据驾驶员操作信息（接收加速踏板角度传感器和挡位控制器的信号）控制驱动电机控制器的工作，驱动电机控制器主要控制流向驱动电机的电量大小，以及控制驱动电机正反转来驱动车辆前进或后退。驱动电机控制器解体图如下图所示。

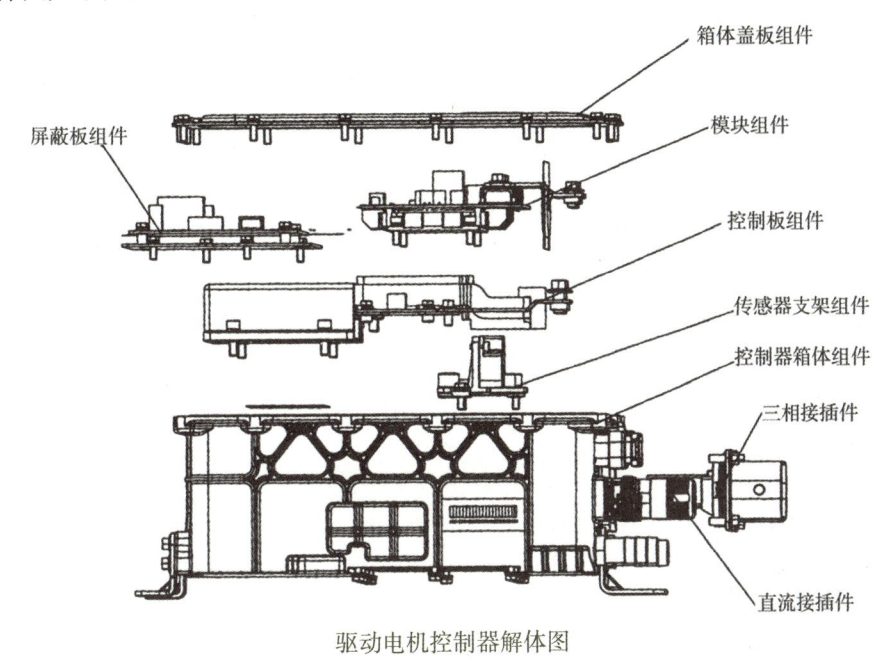

驱动电机控制器解体图

四、关于驱动电机与控制器冷却系统的认知

纯电动汽车冷却系统的功能是将驱动电机、驱动电机控制器及车载充电器产生的热量及时散发出去，保证其在要求的温度范围内稳定高效地工作。

纯电动汽车在驱动与回收能量的工作过程中，驱动电机定子铁芯、定子绕组在运动过程中都会产生损耗，这些损耗以热量的形式向外发散，需要有效的冷却介质及冷却方式来带走热量，保证驱动电机在一个稳定的冷热循环平衡的通风系统中安全可靠地运行。驱动电机与控制器冷却系统如下图所示。

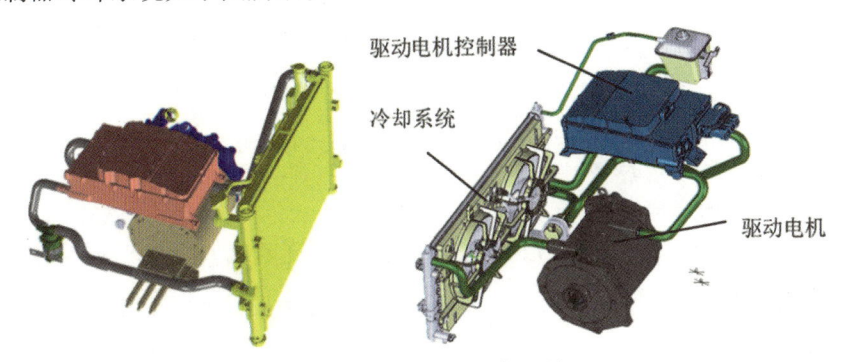

驱动电机与控制器冷却系统

7.2 电机控制器的结构与工作原理

【学习目标】

❈ 知识目标

1. 了解电机控制器（驱动电机控制器的简称）的功用。
2. 掌握电机控制器的构造。
3. 理解并掌握电机控制器的工作原理。

❈ 能力目标

1. 能够认识构成电机控制器的零件。
2. 能够分析电机控制器的工作原理。

❈ 素质目标

1. 具有资料查询、收集和整理以及分析的能力。
2. 具有自主学习能力。

【知识链接】

一、电机控制器的构造

电动汽车驱动电机控制器的基本结构可分为壳体、高低压连接器、电子控制元件、电气控制元件、电气功率元件，如下图所示。

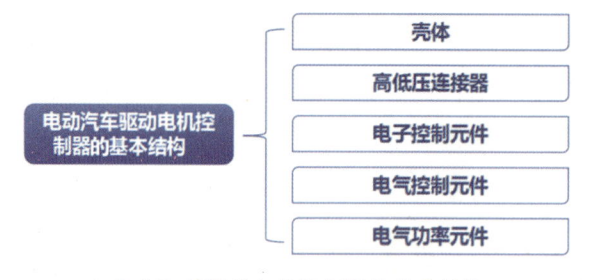

电动汽车驱动电机控制器的基本结构

- 壳体
- 高低压连接器
- 电子控制元件
- 电气控制元件
- 电气功率元件

电动汽车驱动电机控制器的基本结构

1. 壳体与高低压连接器

电机控制器的壳体主要用于固定各电子控制元件、电气控制元件、电气功率元件及连接器，并提供密闭的防尘防水（IP67）空间，保护各电子控制元件、电气控制元件、电气功率元件，如下图所示。

由于车用电机控制器IGBT集成功率模块输出功率高，温升快，壳体提供相应的冷却水路从整车冷却系统引入冷却液以冷却IGBT集成功率模块。

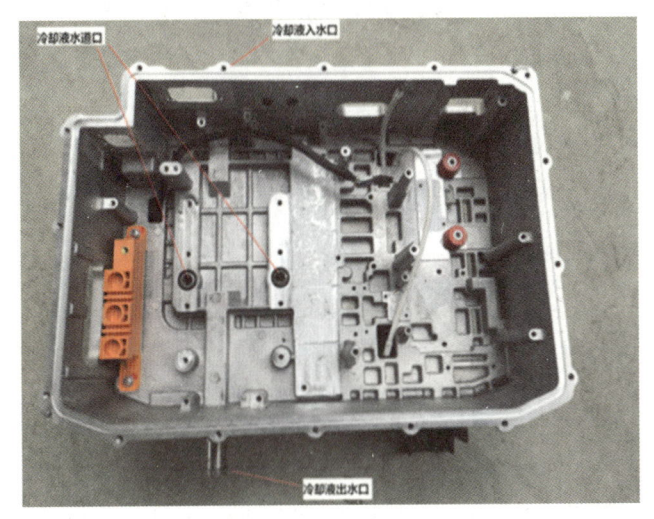

电机控制器的壳体

连接器安装于壳体外部，可分为高压连接器与低压连接器。高低压连接器如下图所示。

高低压连接器

高压连接器主要用于与外部电能传输的对接。
低压连接器主要用于12V电源的供应、与其他控制器通信。

2. 电子控制元件

电子控制元件相当于电机控制器的大脑，根据接收的外部通信信号及内部电气元件的运行情况，通过电子控制元件直接或间接地控制电气集成功率模块，使得电机控制器可靠稳定地工作，合理地控制驱动电机运行。

电子控制元件有逻辑电路板、控制电路板、驱动电路板。电子控制元件如下图所示。

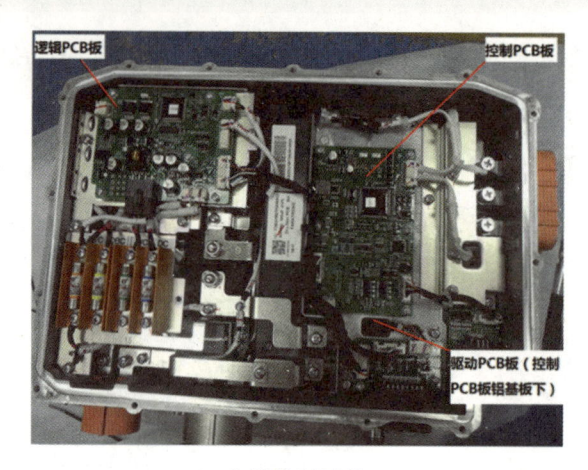

电子控制元件

3. 电气控制元件

电气控制元件主要有高压继电器、功率电阻、电容、电流传感器等。

高压继电器可由逻辑板中12V低压控制电气回路通断，从而控制电气功率器件电源供应。高压继电器如下图所示。

高压继电器

电容的主要作用是电路滤波。由于IGBT集成功率模块在工作过程中会造成直流电路电流振荡，为减少振荡电流对直流电路的影响，通过此电容的并接对振荡电流进行滤波处理。常见电容如下图所示。

常见电容

功率电阻的作用主要是由于电容的存在，防止出现电容无负载充电瞬间短路效应。通过继电器与功率电阻组成预充回路，可先将预充回路导通，对电容进行充电。待充电完成，导通主回路后断开预充回路，持续为功率元件提供电能。功率电阻及预充原理图如下图所示。

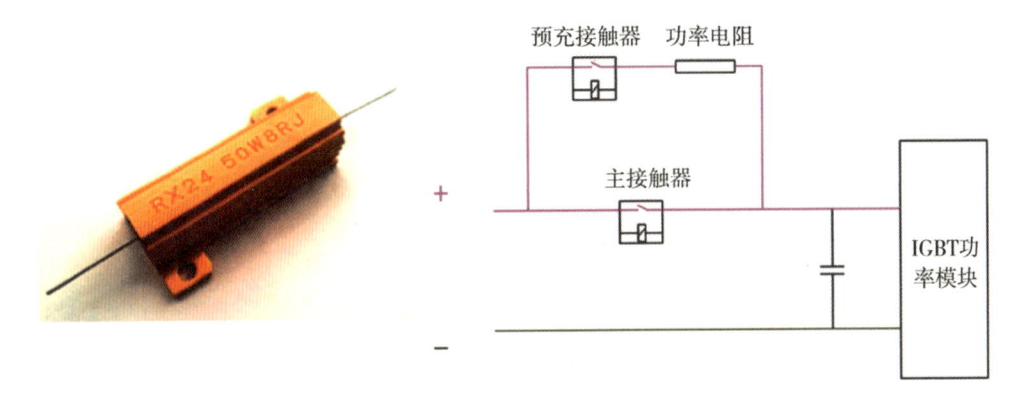

功率电阻及预充原理图

电流传感器主要是对三相输出的电流进行采样检测，反馈至控制电路板。霍尔电流传感器如下图所示。

霍尔电流传感器

4. 电气功率元件

电气功率元件主要为IGBT集成功率模块，IGBT集成功率模块是将直流电转化为交流电的执行装置，也是电气控制器中的关键零部件，通过控制IGBT集成功率模块中的6个子模块的通断，可将直流电转换为交流电。集成功率模块如下图所示。

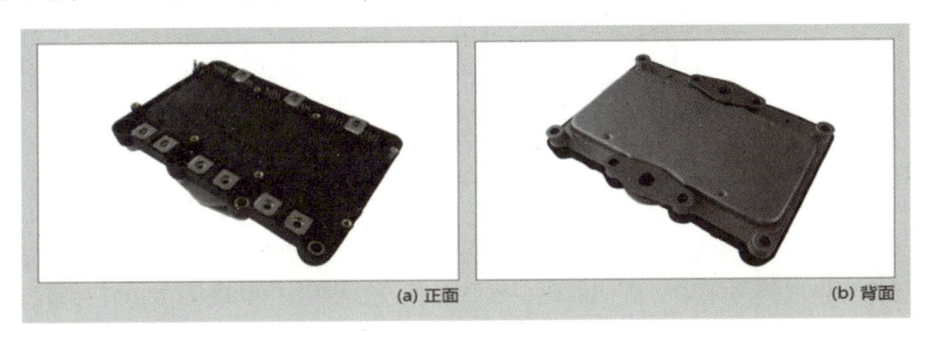

(a) 正面　　(b) 背面

集成功率模块

二、电机控制器的工作原理

电机控制器是通过调节电压大小、频率高低、相位变化等参数来控制电机的运转,即通过相应的电力转换来控制电机工作。

电力转换形式有交流→直流转换、直流→交流转换、直流→直流转换和交流→交流转换,如下图所示。

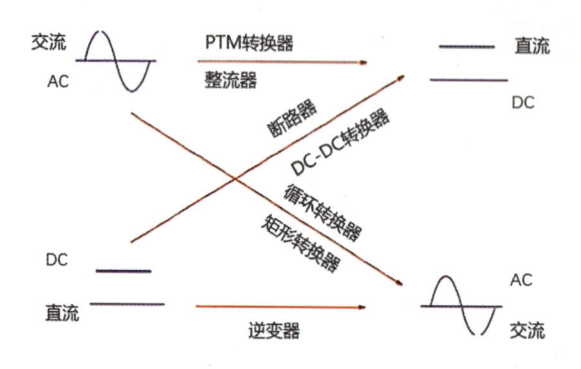

电机控制器的转换形式

电机控制器接收挡位开关、油门位置、旋转变压器、制动等信号,经过判断和逻辑运算之后控制驱动电机的正反转及转速。

电机控制器内部主要包括控制电路板和驱动电路板两部分。电机控制器系统简图如下图所示。

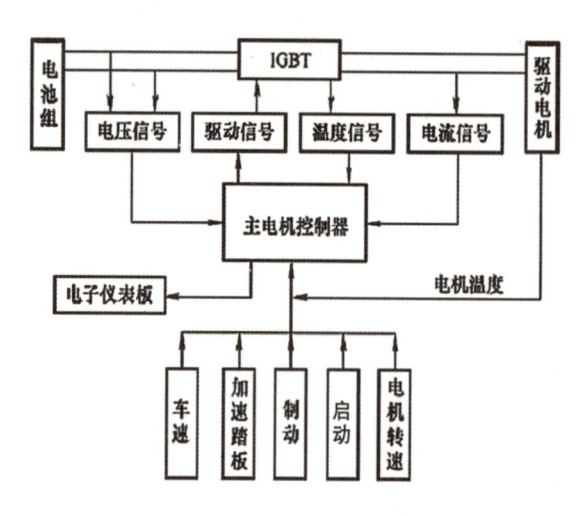

电机控制器系统简图

控制电路板以信号采集、旋变解码、模数转换及CAN通信功能为主,并计算出所需占空比,产生PWM(正弦脉宽调制)信号。

驱动电路板以电源控制、功率调节为主，通过 IGBT 向驱动电机输送 U、V、W 三相交流电。

三、电机控制器的功用

在电动汽车中，电机控制器（MCU）的功能是根据挡位、油门、刹车等指令，将动力电池所存储的电能转化为驱动电机所需的电能，来控制电动汽车的启动运行、进退速度、爬坡力度等行驶状态，或者帮助电动汽车刹车，并将部分刹车能量存储到动力电池中。电机控制器安装位置如下图所示。

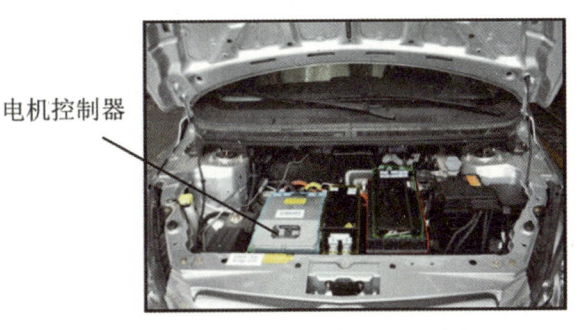

（a）电机控制器　　　　　　　　（b）电机控制器安装位置

电机控制器安装位置

电机控制器的功用如下。

（1）根据工况控制驱动电机的正反转、功率、扭矩、转速等。

（2）硬件采集传感器信号：驱动电机的旋变、温度、制动、加速踏板开关信号。

（3）通过 CAN 通信采集刹车深度（制动踏板位置）、挡位信号、驻车开关信号、启动命令、电池管理控制器相关数据、控制器的故障信息。

（4）内部处理的信号有直流侧母线电压、交流侧三相电流、IGBT 温度、驱动电机的三相绕组阻值。

比亚迪秦 EV 挡位控制器、电机控制器与驱动电机控制示意图如下图所示。

比亚迪秦 EV 挡位控制器、电机控制器与驱动电机控制示意图

7.3 驱动电机系统温度传感器的检测

【学习目标】

�֍ 知识目标

1. 了解驱动电机与控制器冷却系统的功能。
2. 了解驱动电机与控制器冷却系统的结构组成。
3. 理解并掌握驱动电机与控制器冷却系统控制策略。

✖ 能力目标

1. 能够认识构成驱动电机与控制器冷却系统的零件。
2. 能够认识驱动电机与控制器冷却系统控制策略。
3. 熟练掌握电机温度传感器的检测方法。

✖ 素质目标

1. 树立安全第一的思想，注意个人安全、他人安全、设备安全。
2. 保持作业环境卫生，设备、设施干净整洁。
3. 具有安全规范操作意识，遇事临危不惧，遵守各项实习安全规定。

【知识链接】

一、驱动电机与控制器冷却系统的功能

纯电动汽车动力电池在工作过程中会产生大量的热量，纯电动汽车的关键零部件如驱动电机（简称电机）、电机控制器及车载充电器的效率不能达到100%，在能量转换过程中也会产生大量的热量，这些产生的热量如果不能够及时地散发出去，将影响车辆运行甚至导致零件的损坏。

驱动电机与控制器冷却系统的作用是冷却电机和电机控制器等部件，从而保证其能够在允许的温度范围内正常工作，否则，一旦电机和电机控制器温度过高会停止对外的动力输出。驱动电机与控制器冷却系统如下图所示。

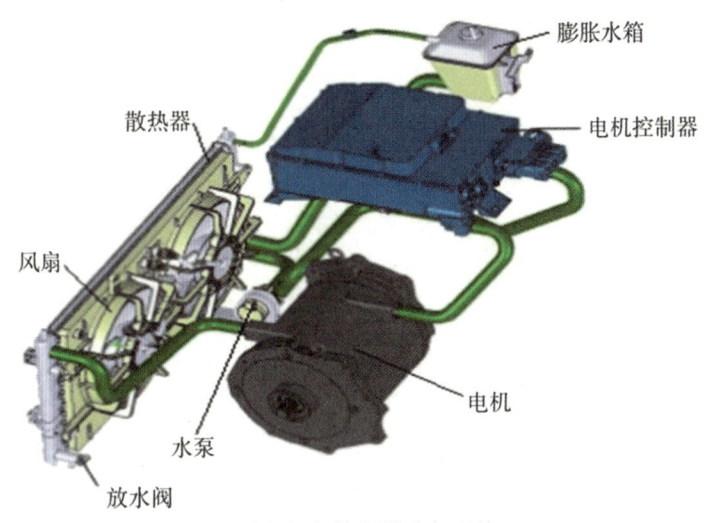

项目七　车辆无法行驶故障诊断与排除

驱动电机与控制器冷却系统

二、驱动电机与控制器冷却系统的结构组成

纯电动汽车驱动电机与控制器冷却系统主要依靠冷却水泵带动冷却液在冷却管道中循环流动，通过散热器的热交换等物理过程，冷却液带走电机与控制器产生的热量。为使散热器热量散发得更充分，通常还在散热器后方设置风扇。

驱动电机与控制器采用的冷却系统是闭式水冷循环系统，由散热器总成、电子风扇总成、电动水泵总成、冷却管路等组成，如下图所示。

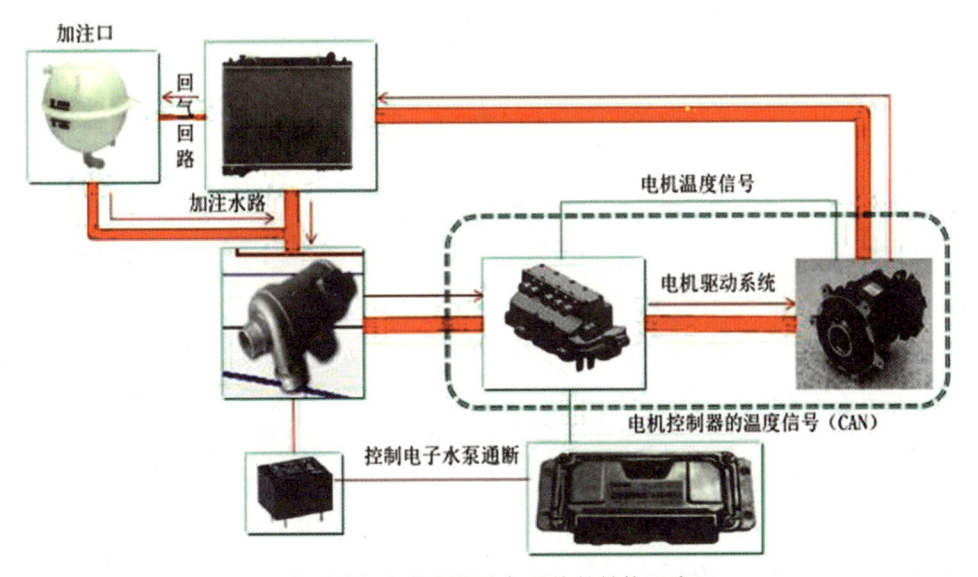

驱动电机与控制器冷却系统的结构组成

驱动电机与控制器冷却系统使用电动水泵提高冷却液的压力，强制冷却液在电动水泵、驱动电机、驱动电机控制器、散热器及电子风扇、储液罐之间循环流动，如下图所示。

— 149 —

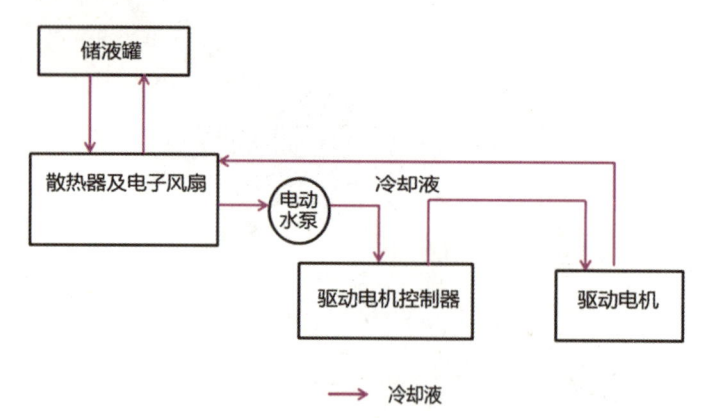

驱动电机与控制器冷却系统的结构简图

三、驱动电机与控制器冷却系统控制策略

1. 电机温度传感器

电机的主要发热源为定子绕组，温度传感器埋设于定子绕组中，防止绕组温度过高而烧毁，MCU根据温度传感器的信号监控电机的实时温度，通过电机冷却装置调节其温度。

常用的温度传感器主要有4种类型。

（1）热电耦式温度传感器。

（2）热敏电阻式温度传感器。

（3）数字温度传感器（RTD）。

（4）半导体温度传感器（IC），如下图所示。

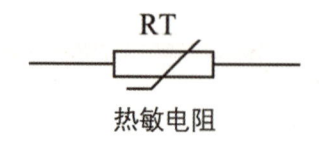

半导体温度传感器（IC）

2. 驱动电机与控制器冷却系统控制策略

冷却系统的电动水泵与散热器风扇由整车控制器控制，根据整车热源（电机、电机控制器和充电器）温度进行控制。

（1）水泵控制：启动车辆时电动水泵开始工作（仪表板上显示READY）。

（2）电机温度控制：当电机温度传感器监测到电机温度为45℃≤温度＜50℃时，冷却风扇低速运转；当温度≥50℃时，冷却风扇高速运转；当温度降至40℃时，冷却风扇停止工作。当120℃≤温度＜140℃时，冷却风扇降功率运行；当温度≥140℃时，冷却风扇降功率至0，即停机。驱动电机与控制器冷却系统简图如下图所示。

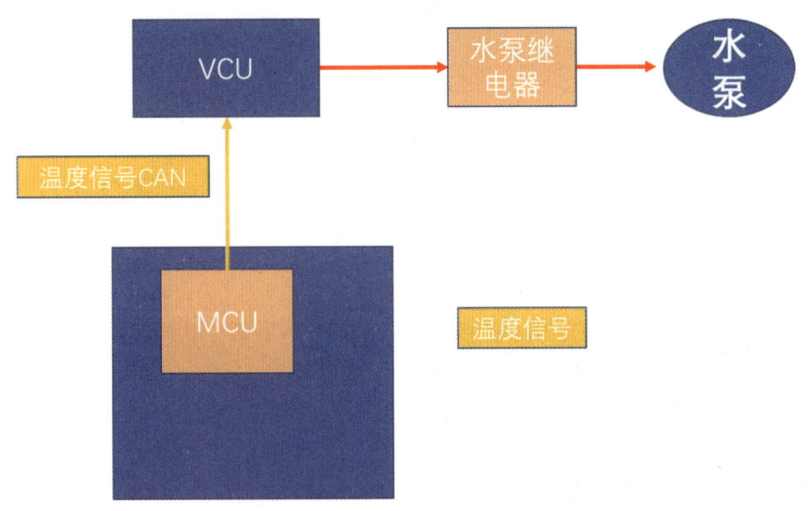

驱动电机与控制器冷却系统简图

（3）电机控制器温度控制：当该控制器监测到散热基板温度为75℃≤温度≤85℃时，冷却风扇低速运转。当80℃≤温度＜85℃时，冷却风扇高速运转；当温度降至75℃时，冷却风扇停止工作；当温度≥85℃时，冷却风扇超温保护，即停机；当该控制器监测到散热基板温度为75℃≤温度≤80℃时，冷却风扇降功率运行。

四、电机温度传感器的检测

负温度系数的电机温度传感器，其电阻不仅会随着温度的升高而降低，也会随着温度的降低而升高。这种传感器通常被放置在绕组内部，但也可能被置于绕组外部或放置在驱动桥润滑油中（如混合动力汽车）。注意，不同类型的电机温度传感器，在相同的环境温度条件下，所测得的电阻值是不同的，例如，北汽电动汽车，通常安装正温度系数的PT1000铂电阻温度传感器，即在0℃时，温度传感器的电阻值为1000Ω，每上升1℃，电阻值上升3.85Ω，例如，20℃时，温度传感器的电阻值为1077Ω。

（1）吉利EV300安装了2个电机温度传感器，标准值如下：20℃时，正常电阻值为13.6Ω±0.8Ω，阻值随着温度的升高而降低，随着温度的降低而升高。

（2）北汽EU260安装了3个电机温度传感器，分别是U相温度传感器、V相温度传感器和W相温度传感器，标准值为0℃电阻1000Ω，每上升1℃电阻增加3.85Ω。

【实训操作】

一、实训准备

1. 工作场景：理实一体化教室（实训室）。
2. 工作器材：北汽EU260整车、新能源高压安全防护用具一套、万用表。

二、操作步骤

1. 北汽 EU260 检查 U 相温度传感器电阻

拔下PEU35针插件用万用表欧姆挡测量35针插件34号与35号端脚之间的电阻，如下图所示。若电阻为零或无穷大，则排查线束及端子是否退针。在环境温度为16℃时，测量温度传感器的电阻为1060Ω。

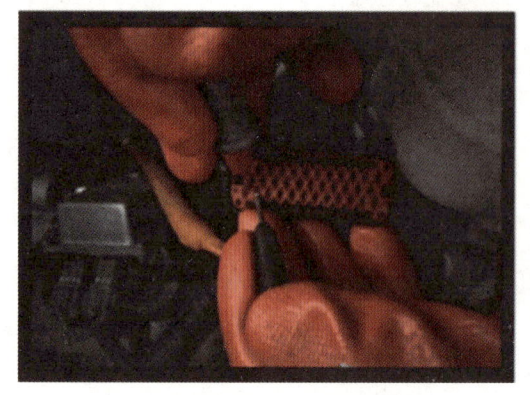

34 号与 35 号端脚之间电阻的检测方法

34 号与 35 号端脚之间的电阻值

2. 北汽 EU260 检查 V 相温度传感器电阻

拔下PEU35针插件用万用表欧姆挡测量35针插件32号与33号端脚之间的电阻，如下图所示。若电阻为零或无穷大，则排查线束及端子是否退针。此次测量值为1059Ω，环境温度为16℃。

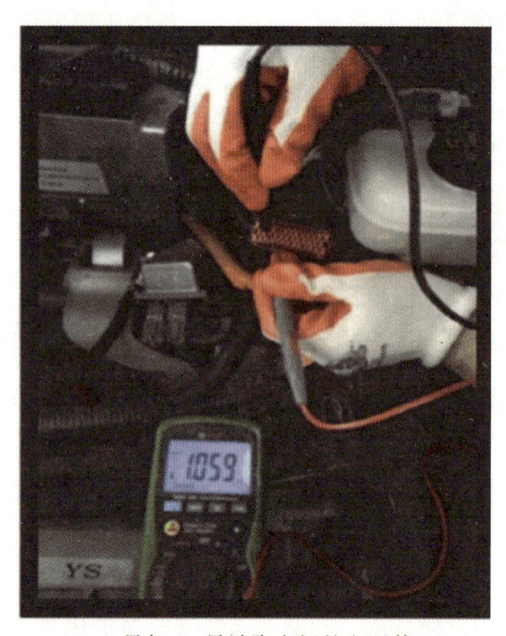

32 号与 33 号端脚之间的电阻值

3. 北汽 EU260 检查 W 相温度传感器电阻

拔下PEU35针插件用万用表欧姆挡测量35针插件30号与31号端脚之间的电阻，如下图所示。若电阻为零或无穷大，则排查线束及端子是否退针。此次测量值为1.058Ω，环境温度接近16℃。

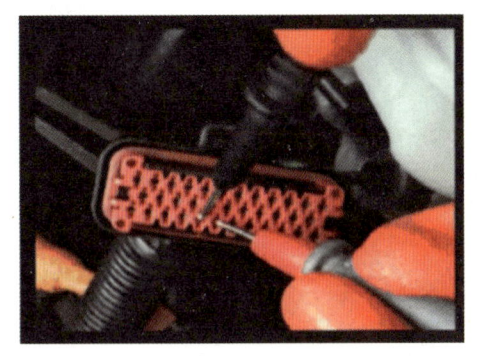

30号与31号端脚之间电阻的检测方法　　　　30号与31号端脚之间的电阻值

【学习评价表】

评价内容	配分	序号	具体指标	分值	得分 自评	得分 组评	得分 师评
作业准备	15	1	防护服、安全靴、绝缘手套等安全防护用具的正确穿戴	5			
		2	了解驱动电机的型号、规格	5			
		3	准备好所需的工机具并确保工机具能正常使用	5			
工作安全	25	4	不违章作业	5			
		5	遵守作业程序	5			
		6	无人员受伤或设备损伤	5			
		7	遵守工作制度	5			
		8	发现问题及时报告	5			
工作过程	35	9	检测U相温度传感器电阻	15			
		10	检测V相温度传感器电阻	10			
		11	检测W相温度传感器电阻	10			
职业素养	25	12	遵守规章制度	5			
		13	作业规范	5			
		14	流程正确	5			
		15	无违章操作	5			
		16	工作效率高	5			
综合得分				100			

7.4　驱动电机旋转变压器的检测

【学习目标】

知识目标

1. 了解旋转变压器的组成结构。
2. 了解旋转变压器的作用及安装位置。
3. 理解并掌握旋转变压器的工作原理。
4. 旋转变压器的检测方法。

能力目标

1. 能够认识旋转变压器的组成结构。
2. 能够理解旋转变压器的作用及工作原理。
3. 熟练掌握旋转变压器的检测方法。

素质目标

1. 树立安全第一的思想，注意个人安全、他人安全、设备安全。
2. 保持作业环境卫生，设备、设施干净整洁。
3. 具有安全规范操作意识，遇事临危不惧，遵守各项实习安全规定。

【知识链接】

一、旋转变压器的认知

1. 结构

旋转变压器的结构图如下图所示，它主要由转子、定子、线圈、端子、接线端子等组成。转子安装在电机轴上，且转子上无绕组，一次和二次绕组均在定子上，转子由相互绝缘的硅钢片叠制而成，定子由励磁绕组、正弦绕组、余弦绕组组成。

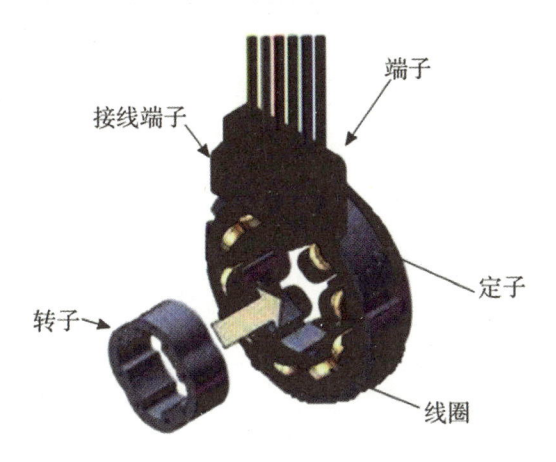

旋转变压器的结构图

2. 作用

旋转变压器用于检测电机转子的位置和转速，是一种输出电压随转子转角变化的信号元件，如下图所示。

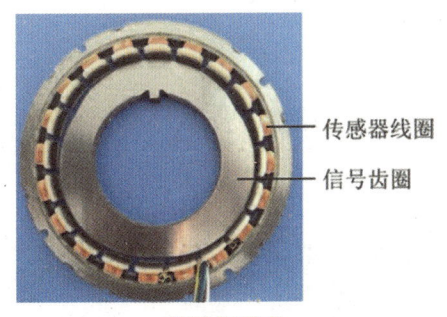

旋转变压器

3. 安装位置

旋转变压器一般安装在电机的后端盖内，如下图所示。

旋转变压器的安装位置

4. 旋转变压器的定子及转子

（1）定子。

旋转变压器的定子包括励磁线圈A、检测线圈S和检测线圈C三种线圈，定子位置和线圈位置如下图所示。

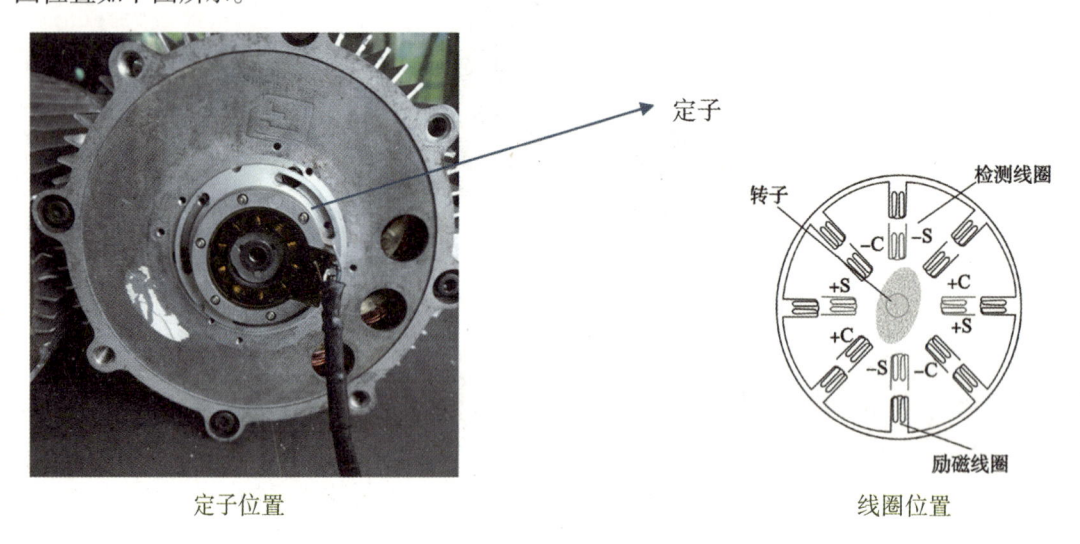

定子位置　　　　　　　　　线圈位置

（2）转子。

旋转变压器的转子一般由多块不规则形状的金属钢片叠加而成安装在电机转子轴上，如下图所示。

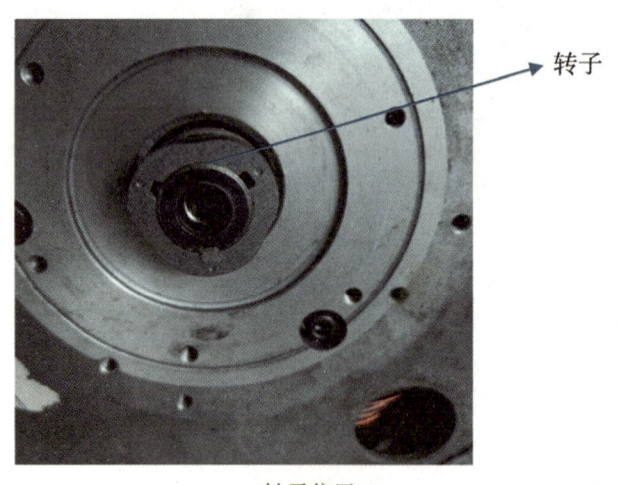

转子位置

5. 工作原理

旋转变压器的工作原理与普通变压器的工作原理相同，如下图所示。励磁绕组通正弦交流电，产生交变磁场，利用转子铁芯构成的磁路，将交变磁场传递到感应线圈，并产生感应电动势。

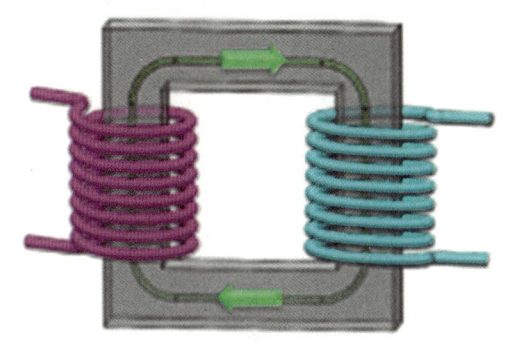

变压器的工作原理

对于永磁同步电机调速系统来说，位置信号具有决定作用，因为电机必须工作在位置闭环控制方式下，系统运行绝对依赖于位置信号的准确获取，电机需要通过位置信号来决定哪一相应该导通，以及在什么时刻导通和关断。

旋转变压器的工作原理如下图所示，当激励一次级绕组R1–R2时（图中励磁绕组波形），在两个二次绕组上就会产生一个感应信号S（图中正弦绕组波形）和另一个感应信号C（图中余弦绕组波形），由于二次绕组机械错位90°，两路输出信号彼此间的相位相差90°。转子输出信号的相位角与转子偏转角之间有着严格的对应关系，控制模块通过一次绕组、二次绕组波形的对比、检测和计算，确定电机的通电相。

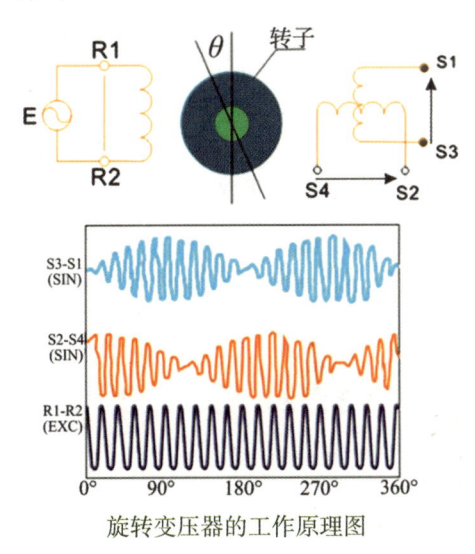

旋转变压器的工作原理图

【实训操作】

一、实训准备

1. 工作场景：理实一体化教室（实训室）。
2. 工作器材：比亚迪秦E5整车、新能源高压安全防护用具一套、万用表。

二、旋转变压器的检测操作步骤

以比亚迪车型为例将万用表旋至电阻挡，分别测量旋转变压器励磁线圈、检测线圈的电阻是否符合标准。

（1）励磁线圈电阻的检测：励磁线圈的连接电路图如下图所示。检测连接器插座上励磁线圈端子的电阻在常温条件下为8.1Ω+2Ω。

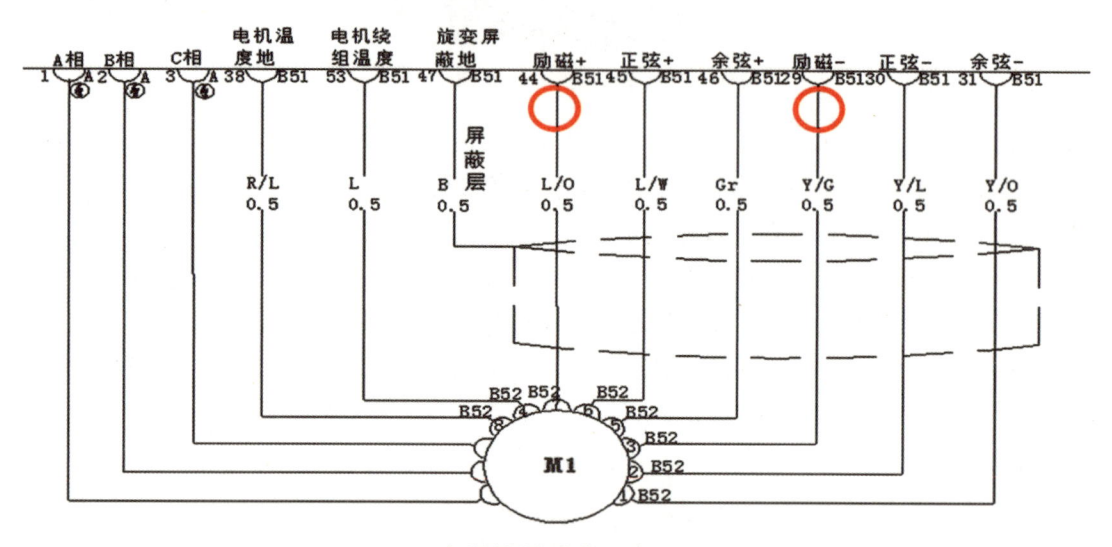

励磁线圈的连接电路图

（2）检测线圈电阻的检测：检测连接器插座上励磁线圈端子的电阻在常温条件下为14Ω±4Ω，检测线圈电阻的连接电路图如下图所示。

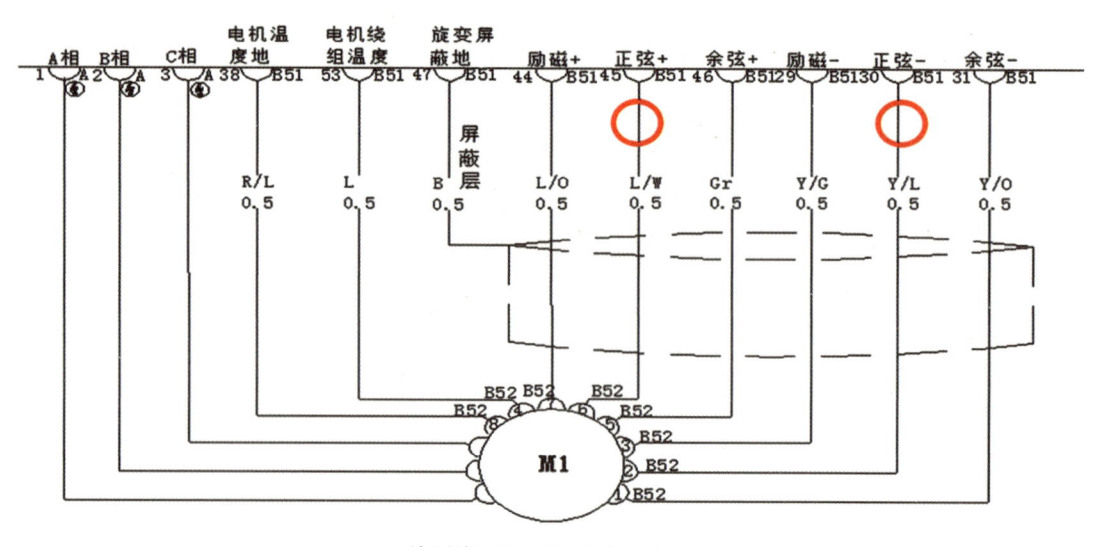

检测线圈电阻的连接电路图

【学习评价表】

评价内容	配分	序号	具体指标	分值	得分 自评	得分 组评	得分 师评
作业准备	15	1	防护服、安全靴、绝缘手套等安全防护用具的正确穿戴	5			
		2	了解车辆型号、规格	5			
		3	准备好所需的工机具并确保工机具能正常使用	5			
工作安全	25	4	不违章作业	5			
		5	遵守作业程序	5			
		6	无人员受伤或设备损伤	5			
		7	遵守工作制度	5			
		8	发现问题及时报告	5			
工作过程	35	9	检测励磁线圈电阻	15			
		10	检测正弦线圈电阻	10			
		11	检测余弦线圈电阻	10			
职业素养	25	12	遵守规章制度	5			
		13	作业规范	5			
		14	流程正确	5			
		15	无违章操作	5			
		16	工作效率高	5			
综合得分				100			

7.5 驱动电机系统常见故障诊断与检测方法

【学习目标】

知识目标

1. 了解驱动电机系统故障分级。
2. 了解驱动电机控制系统的可能故障原因。
3. 理解并掌握驱动电机系统常见故障分析。

能力目标

1. 能够认识驱动电机系统故障分级。
2. 能够分析驱动电机控制系统的可能故障原因。
3. 熟练掌握驱动电机系统常见故障的检测方法。

✿ **素质目标**

1. 具有资料查询、收集、整理及分析的能力。
2. 具有自主学习能力。

【知识链接】

一、驱动电机系统故障分级

电机控制器是驱动电机系统的核心执行模块。电机控制器接收电池管理器和整车控制单元的信息，控制三相电机的运转，并实现电机转速、方向和转矩的改变，通过接收电机角度传感器（电机位置传感器）信号作为控制命令的输出反馈，实现系统的闭环控制。

驱动电机控制系统可能的故障原因集中在以下几方面。

（1）控制器模块本身的故障。

（2）位置传感器故障。

（3）电源和搭铁不良。

当驱动电机系统发生故障时，MCU将故障信息上报VCU，VCU根据自身状态以及电机、动力电池、DC-DC转换器等部件的状态进行综合分析，判断整车的故障等级，据此采取响应，并通过仪表板显示故障信息。使用诊断仪读取MCU报出的故障信息，即可进行相应的检修。

根据故障对整车危害程度的不同，驱动电机系统故障分为4个等级，如下表所示。

驱动电机系统故障分级表

故障等级	危害程度	故障描述	故障示例
一级故障	致命	（1）危及人身安全； （2）影响行车安全； （3）对周围环境造成严重危害； （4）造成车辆在故障发生地不能行驶； （5）主要零部件功能失效； （6）引起整车其他相关主要零部件的严重损坏	电机定子绕组烧损、击穿；旋转压器功能失效；电机轴承碎裂；MCU 超级电容烧损、击穿；MCU 电压、电流传感器烧损、击穿；温度传感器烧损、击穿
二级故障	严重	（1）造成车辆不能正常行驶，但可以从故障发生地移动到路边，等待救援； （2）车辆性能发生较明显的衰退	电机永磁体性能衰退；冷却风扇烧损；水泵烧损；冷却管路堵塞、漏液；驱动电机异响
三级故障	一般	（1）非主要零部件故障，可以从故障发生地非正常行驶到停车场或维修中心； （2）非主要零部件故障，能用易损备件和随车工具在短时间内排除	电机定子绕组温度过高；MCU连接螺栓松动；散热器漏液或渗液
四级故障	轻微	（1）不需要更换零部件，车辆仍能正常运行； （2）不需要更换零部件，可用随车工具在短时间内排除	安装螺栓松动；导线固定件松动；电机外壳腐蚀

一级故障为致命故障，会危及人身安全，影响行车安全，对周围环境造成严重危害。如果出现一级故障，则需要在做好安全防护的前提下立即检修。

二级故障为严重故障，会造成车辆不能正常行驶，但可以从故障发生地移动到路边，等待救援，或者车辆性能发生较明显的衰退。

三级故障为一般故障，车辆的非主要零部件故障，需要维修人员更换故障零部件来排除故障。

四级故障为轻微故障，不需要更换零部件，可在专业维修人员的检修下短时间内排除。

二、驱动电机系统常见故障分析

驱动电机系统内部一般有两个温度传感器，以便于MCU检测和对比。打开点火开关，MCU接收温度传感器传送的电压信号，并据此判断电机内部温度是否正常。如果MCU检测到电机内部的温度过高，则将上报VCU，VCU通过继电器控制散热风扇全速运转，以降低电机内部的温度。驱动电机系统电路图如下图所示。

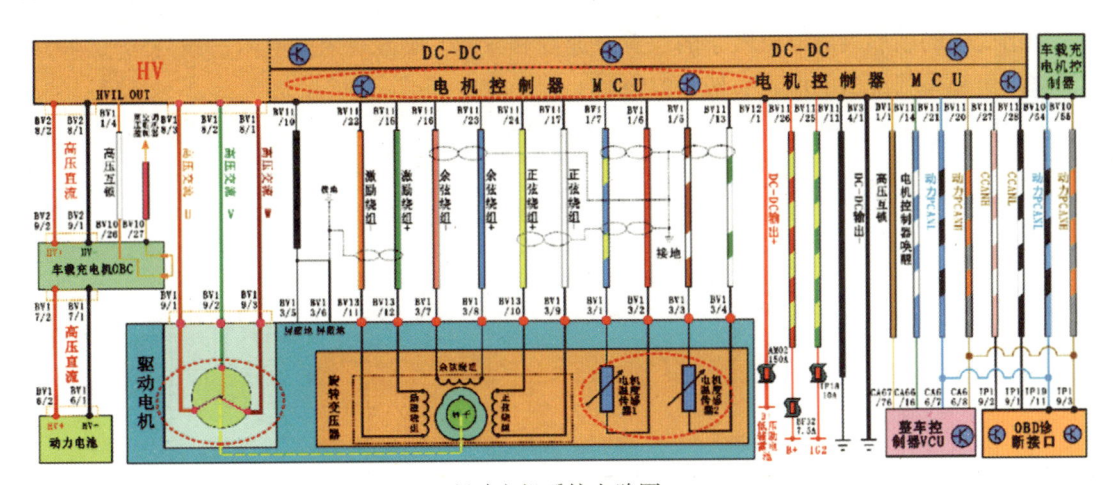

驱动电机系统电路图

以北汽新能源EV160纯电动汽车为例，温度传感器的连接电路如下图所示，温度传感器通过信号电路和搭铁电路与MCU连接。在正常情况下，温度传感器的电阻值应远大于2Ω，输出电压应不超过4.2V。当温度传感器的信号电路和搭铁电路连接异常或其自身损坏时，MCU会报出"驱动电机温度信号异常"的故障信息。此时应检查温度传感器及其连接电路，如果有异常，则维修或更换故障部件。

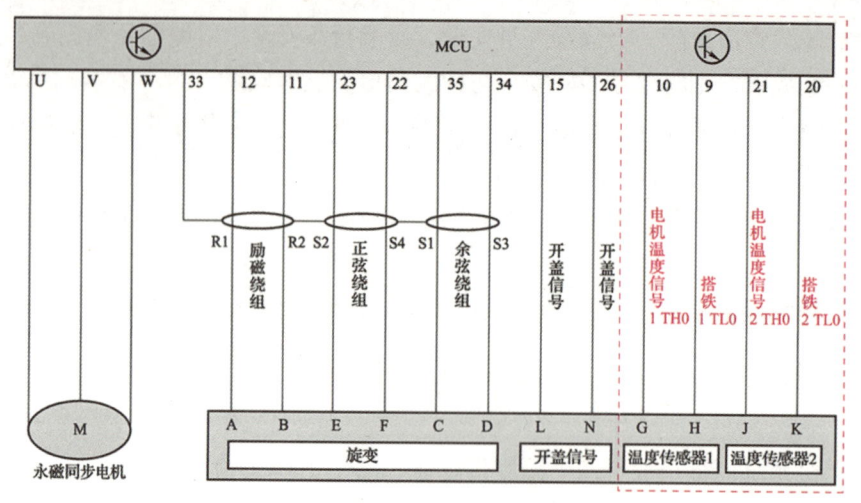

温度传感器的连接电路

旋转变压器（旋变）由励磁绕组、正弦绕组和余弦绕组组成，其连接电路如旋变的连接电路如下图所示。MCU通过励磁绕组输出振幅、频率恒定的正弦波；通过正弦绕组和余弦绕组产生的波形判断电机转子的位置、速度和方向。励磁绕组的电阻一般为30～170Ω，正弦绕组和余弦绕组的电阻一般为8Ω±1Ω。

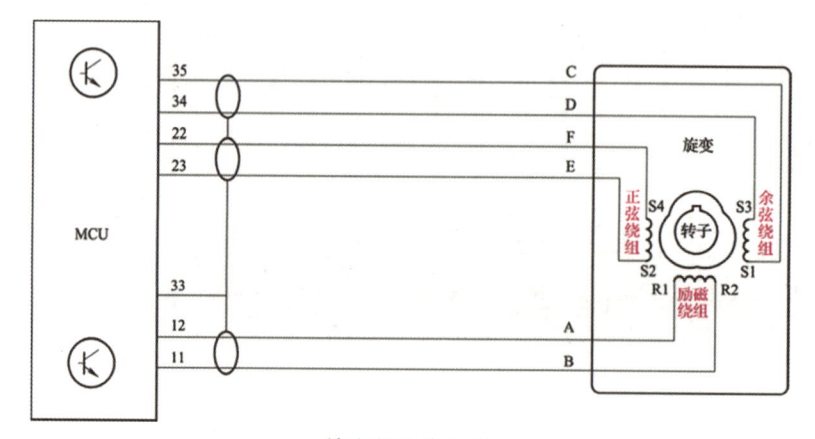

旋变的连接电路

当旋变的绕组及其电路出现断路、虚接、内部绕组电路搭铁或相互短路时，MCU会报出"旋变信号异常"的故障信息。此时应检查旋变内部绕组及其电路，如果有异常，则维修或更换故障部件。

MCU电源电路如下图所示。将点火开关置于ON挡，VCU控制电机继电器动作，闭合继电器触点，接通低压蓄电池正极与MCU端子1的连接线路，MCU通过端子24搭铁，构成闭合回路，低压蓄电池开始为MCU供电。

如果MCU电源电路发生故障，则MCU将无法工作，电机也无法启动。对于此类故障，应先确认低压蓄电池电压是否正常，然后检查电机继电器及其电源电路、MCU的电源电路及搭铁电路等是否正常，如果异常，则维修或更换故障部件。

MCU 电源电路

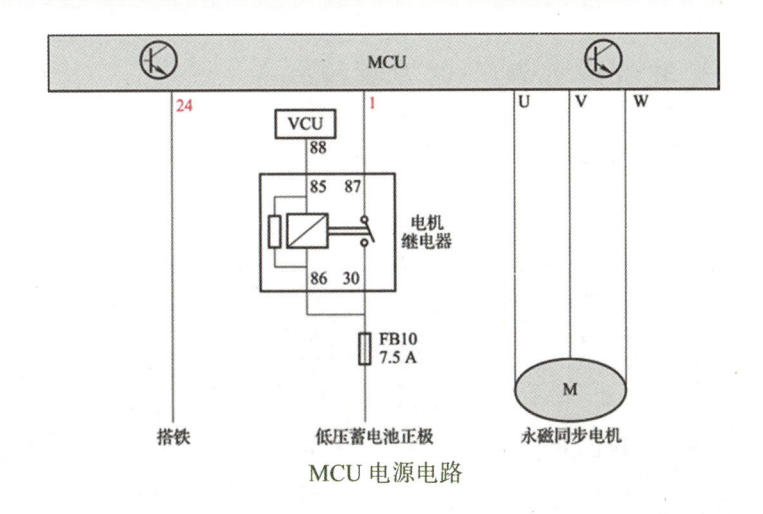

7.6 车辆无法行驶故障检测（一）

【学习目标】

❈ 知识目标

1. 了解电机控制器（MCU）的故障诊断方法。
2. 理解并掌握MCU的检修方法。

❈ 能力目标

1. 能够分析MCU的故障。
2. 熟练掌握MCU的检修方法。

❈ 素质目标

1. 树立安全第一的思想，注意个人安全、他人安全、设备安全。
2. 保持作业环境卫生，设备、设施干净整洁。
3. 具有安全规范操作意识，遇事临危不惧，遵守各项实习安全规定。

【实训操作】

实训准备

1. 工作场景：理实一体化教室（实训室）。
2. 工作器材：吉利帝豪EV450整车、新能源高压安全防护用具一套、万用表。

车辆无法行驶故障检测——电源故障

案例：根据用户描述，打开点火开关，READY无法上电；仪表板上显示为动力系统故障、驻车系统故障、减速器故障等。

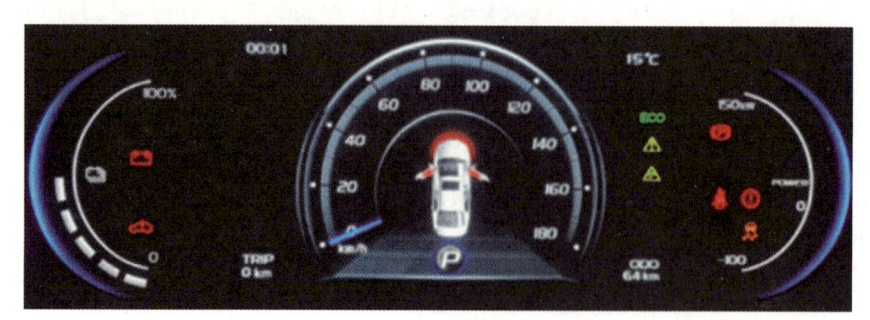

车辆无法行驶故障现象

思考

这可能是什么原因导致的？

和车辆的哪些结构部件有关系呢？

故障的分析

车辆型号为吉利帝豪EV450纯电动汽车，踩下制动踏板数次后并保持，点火开关上的绿色指示灯正常点亮；打开点火开关后，仪表板点亮正常，可运行READY指示灯无法正常点亮，蓄电池指示灯、VCU故障指示灯点亮；动力蓄电池主正、主负继电器不动作，高压不上电，制动踏板高度反应正常，但挡位无法切换至D挡位置或R挡位置。初步判定可能是驱动电机系统不上电导致的故障。下面进行故障分析及检修工作。

MCU电源线路原理如下图所示，从中可以看出，MCU供电电源有两路：一路为辅助蓄电池正极电源通过保险丝EF32（7.5A）至MCU的BV11/26端子，给MCU提供常火电源；另一路为IG2继电器的输出电源通过保险丝IF18（10A）至MCU的BV11/25端子，给MCU提供点火开关（信号）电源。

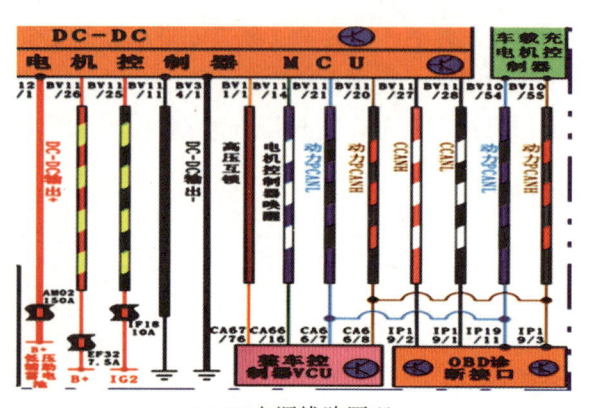

MCU 电源线路原理

连接诊断仪，读取VCU故障码如下图所示。

VCU故障码	
U011087	与电机控制器通信丢失
P1C6F04	P挡控制单元三级故障
P1C3E01	ESC失效
P1C3C96	TCS报故障
P1C4296	车速信号警告故障

VCU 故障码

与电机控制器通信丢失，表明故障可能是MCU通信故障、MCU故障或MCU没有工作。吉利帝豪EV450标配了ESC电子稳定控制单元，实现基本的功能有电子制动力分配EBD、制动防抱死ABS、牵引力控制TCS、车辆动态稳定性控制VDC等功能，而这些功能的实现均需要车速信息。吉利帝豪EV450驱动控制原理如下图所示。

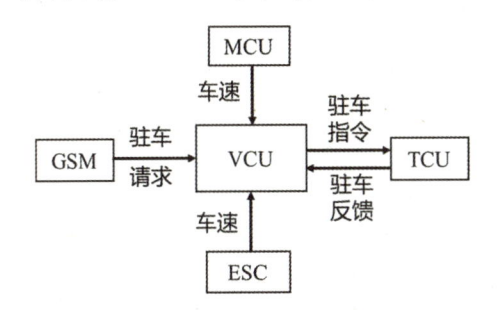

吉利帝豪 EV450 驱动控制原理

电子换挡器（GSM）将驻车请求信号发送到VCU，VCU结合当前驱动电机转速及轮速情况判断是否符合驻车条件。

当符合条件时，VCU发送驻车指令到动力合成箱控制器（TCU），TCU控制驻车电机进入P挡，锁止减速器。

由此看出，MCU工作异常时也将影响驻车。

如果IG2故障，则故障码会指向IG2。因此，根据仪表板上的故障现象、VCU故障码和MCU故障码分析，可能的故障如下。

（1）电机控制器B+供电故障。

（2）电机控制器通信故障。

（3）电机控制器故障。

MCU 供电线路的检测

（1）打开点火开关，调至ON挡。

测量对象：检测BV11-26对地电压。

标准值：11~14V。

结果分析：

若异常，则测量EF32保险丝近MCU侧对地电压。

若正常，则测量MCU搭铁线路是否正常；若搭铁线路正常，则下一步检查CAN通信线路。

（2）EF32保险丝近MCU侧对地电压。

标准值：11~14V。

结果分析：

若正常，则可判断为EF32至MCU的线路故障，进一步采用电阻法进行线路故障确定。

若异常，则下一步测量EF32近B+侧对地电压。

（3）EF32保险丝近B+侧对地电压。

标准值：11~14V。

结果分析：

若正常，则可判断为EF32故障，然后进行EF32检查。

若异常，则分析其他原因。

注意：进行修理后，部分故障码需要点火开关先置于OFF挡位置，再置于ON挡位置后，才可使用故障诊断仪清除。

第一步将点火开关置于OFF挡位置。

第二步安装好所有诊断、维修时拆下或更换的部件或连接器。

第三步在拆下或更换部件或模块时，可能还需要重新进行程序设定。

第四步将点火开关置于ON挡位置。该车辆仪表板上显示正常，如下图所示。

吉利帝豪EV450车辆仪表板上显示正常

【学习评价表】

评价内容	配分	序号	具体指标	分值	得分 自评	得分 组评	得分 师评
作业准备	15	1	防护服、安全靴、绝缘手套等安全防护用具的正确穿戴	5			
		2	了解车辆型号、规格	5			
		3	准备好所需的工机具并确保工机具能正常使用	5			
工作安全	25	4	不违章作业	5			
		5	遵守作业程序	5			
		6	无人员受伤或设备损伤	5			
		7	遵守工作制度	5			
		8	发现问题及时报告	5			
工作过程	35	9	分析故障现象	15			
		10	找出故障可能的原因	10			
		11	故障检测与排除	10			
职业素养	25	12	遵守规章制度	5			
		13	作业规范	5			
		14	流程正确	5			
		15	无违章操作	5			
		16	工作效率高	5			
综合得分				100			

7.7　车辆无法行驶故障检测（二）

【学习目标】

知识目标

1. 了解电机控制器（MCU）的故障诊断方法。
2. 理解并掌握MCU的检修方法。

能力目标

1. 能够分析MCU的故障。
2. 熟练掌握MCU的检修方法。

7.7 车辆无法行驶故障检测（二）

✿ 素质目标

1. 树立安全第一的思想，注意个人安全、他人安全、设备安全。
2. 保持作业环境卫生，设备、设施干净整洁。
3. 具有安全规范操作意识，遇事临危不惧，遵守各项实习安全规定。

【实训操作】

实训准备

1. 工作场景：理实一体化教室（实训室）。
2. 工作器材：吉利帝豪EV450整车、新能源高压安全防护用具一套、万用表。

一、车辆无法行驶故障检测——元器件故障1

案例1：根据用户描述，在车辆行驶过程中，车速下降，仪表板上显示为限功率行驶，并出现电机过热现象，但是停车后风扇不转动，如下图所示。

吉利帝豪EV450限功率行驶、电机过热图

思考

这可能是什么原因导致的？
和车辆的哪些结构部件有关系呢？

故障的分析

造成电机过热的原因有很多，如冷却管路堵塞、温度传感器、过流/过压、散热风扇故障等。

但在本案例中，除了冷却风扇不转，没有其他故障现象，故障指向比较清晰。高速、低速风扇同时不转，又可以进一步缩小故障范围。

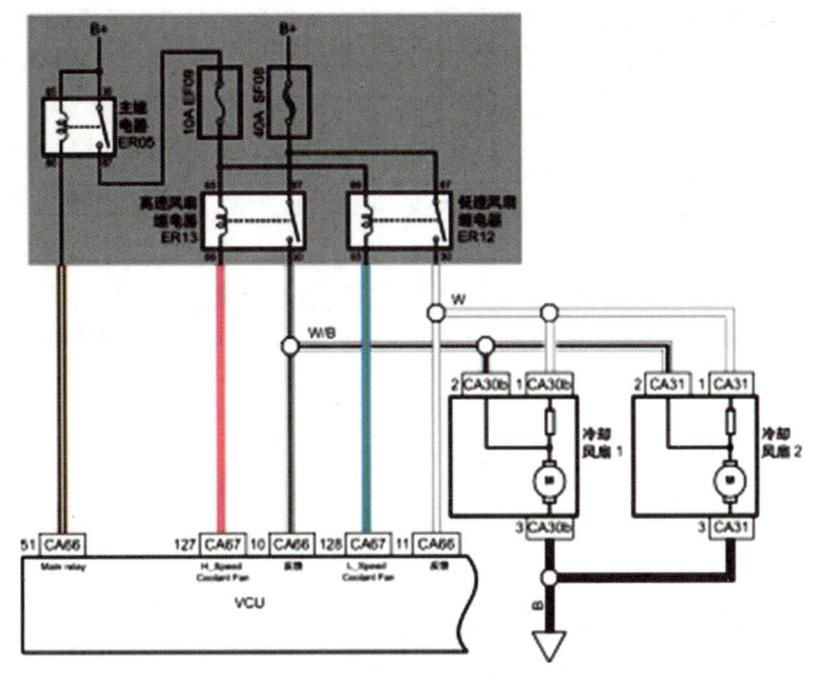

吉利帝豪 EV450 冷却风扇控制电路图

引起高速、低速风扇同时不转的因素有以下几种。

（1）主继电器故障，该故障除了导致风扇不能转，还会引起系统故障、不能上高压电等，因此可以排除主继电器及相关线路故障。

（2）EF09故障，该故障能够导致高速、低速风扇控制信号丢失。

（3）高速、低速风扇控制信号故障，一般来讲，在正常使用过程中同时出现故障的概率较小。

（4）SF08故障，该故障能够导致高速、低速风扇供电中断。

（5）搭铁线路故障，存在同时导致高速、低速风扇失效的可能，故障点应该是高速、低速风扇公共搭铁点。

检测对象：EF09近VCU侧对地电压，标准值为11～14V。

若异常，则下一步检测EF09近ER05侧对地电压，标准值为11～14V，由此判断EF09是否存在熔断现象。

若正常，则下一步检测SF08近VCU侧对地电压，标准值为11～14V。如果该电压正常，则下一步检测高速、低速风扇搭铁电路。

二、车辆无法行驶故障检测——元器件故障2

案例2：根据用户描述，在车辆行驶过程中，车速下降，仪表板上显示为限功率行驶，并出现电机过热现象，停车检查发现风扇转动缓慢，如下图所示。

吉利帝豪 EV450 限功率行驶、电机过热图

故障的分析

在本案例中，除了高速冷却风扇不转，没有其他故障现象，故障指向比较清晰。

低速风扇能够正常工作，说明EF09、SF08及风扇电机和搭铁线路是正常的，所以故障可能为高速风扇继电器故障及其相关线路。

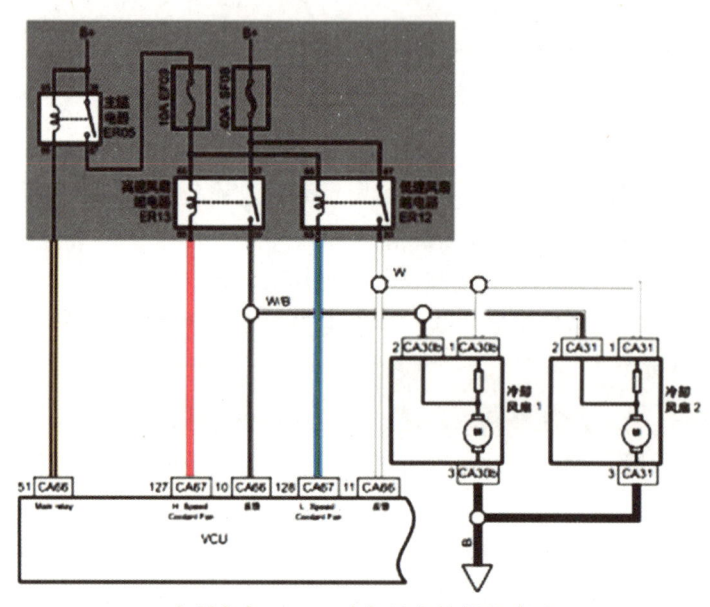

吉利帝豪 EV450 冷却风扇控制电路图

检测对象：高速风扇使能端CA67-127对地电压，标准值为≤1V。

若异常，则一般电压＞1V，说明高速风扇控制端到继电器ER13线路或者继电器线圈出现故障，这时测量ER13的反馈端CA66-10号端子对地电压，实测是0V，正常情况应是12V，即ER13触点没有闭合。

将点火开关拨到OFF挡，取下继电器，测量继电器线圈电阻，检查线圈是否正常。另一方面测量ER13-86号引脚至CA67-127之间的导线电阻，标准值为≤1Ω。

检测对象：高速风扇使能端对地电压，标准值为≤1V。

若正常，则考虑ER13触点是否吸合，同时考虑触点到电机的线路是否正常。

调至OFF挡，取下ER13，给线圈接12V电源，测量触点之间的电阻。若异常，则说明是ER13触点故障；若正常，则可能是触点线路故障。

【学习评价表】

评价内容	配分	序号	具体指标	分值	得分 自评	得分 组评	得分 师评
作业准备	15	1	防护服、安全靴、绝缘手套等安全防护用具的正确穿戴	5			
		2	了解车辆型号、规格	5			
		3	准备好所需的工机具并确保工机具能正常使用	5			
工作安全	25	4	不违章作业	5			
		5	遵守作业程序	5			
		6	无人员受伤或设备损伤	5			
		7	遵守工作制度	5			
		8	发现问题及时报告	5			
工作过程	35	9	分析故障现象	15			
		10	找出故障可能的原因	10			
		11	故障检测与排除	10			
职业素养	25	12	遵守规章制度	5			
		13	作业规范	5			
		14	流程正确	5			
		15	无违章操作	5			
		16	工作效率高	5			
综合得分				100			

7.8 车辆无法行驶故障检测（三）

【学习目标】

知识目标

1. 了解电机控制器（MCU）的故障诊断方法。
2. 理解并掌握MCU的检修方法。

— 171 —

能力目标

1. 能够分析MCU的故障。
2. 熟练掌握MCU的检修方法。

素质目标

1. 树立安全第一的思想，注意个人安全、他人安全、设备安全。
2. 保持作业环境卫生，设备、设施干净整洁。
3. 具有安全规范操作意识，遇事临危不惧，遵守各项实习安全规定。

【实训操作】

实训准备

1. 工作场景：理实一体化教室（实训室）。
2. 工作器材：吉利帝豪EV450整车、新能源高压安全防护用具一套、万用表。

车辆无法行驶故障检测—线路故障

案例：根据用户描述，打开点火开关，READY无法上电；仪表板上显示为动力系统故障、驻车系统故障、减速器故障等，如下图所示。

吉利帝豪 EV450 READY 无法上电故障现象

思考

这可能是什么原因导致的？
和车辆的哪些结构部件有关系呢？

故障的分析

车辆型号为吉利帝豪EV450纯电动汽车，踩下制动踏板数次后并保持，点火开关上的绿色指示灯正常点亮；打开点火开关后，仪表板点亮正常，可运行READY指示灯无法正常点亮，蓄电池指示灯、VCU故障指示灯点亮；动力蓄电池主正、主负继电器不动作，高压不上电，制动踏板高度反应正常，但挡位无法切换至D挡位置或R挡位置。初步判定可能是驱动电机系统不上电导致的故障。下面进行故障分析及检修工作。

吉利帝豪EV450的MCU有两路供电电源，MCU既要参与打开点火开关后的工作及CAN通信要求，还要满足关闭点火开关后进行充电时的工作及CAN通信要求。吉利帝豪EV450电机控制器电源电路图如下图所示。

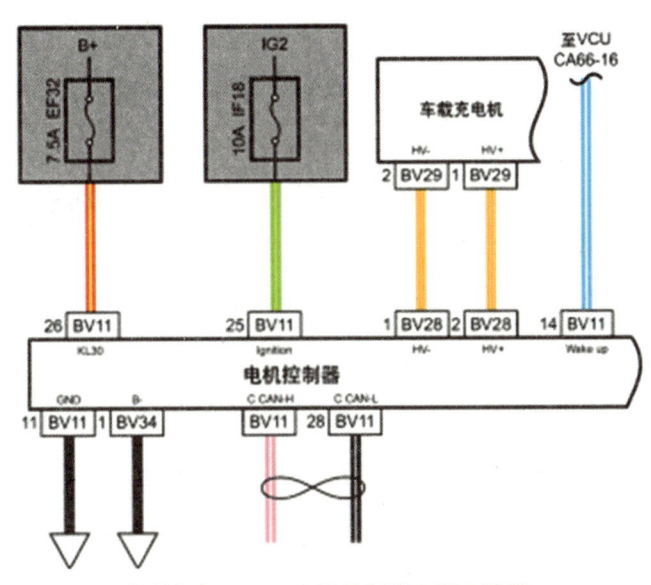

吉利帝豪EV450电机控制器电源电路图

因此，+B电源就是要保证这两种工况下的正常工作和CAN通信。在车辆无法行驶故障检测——电源故障中检测了电源线路故障，本节介绍CAN通信线路故障的检测。

吉利帝豪EV450 MCU电源线路原理图如下图所示，从中可以看出，MCU的BV11/21、BV11/20端子至VCU的CA66/7、CA66/8端子为动力CAN线，MCU的BV11/27、BV11/28端子至VCU的IP19/2、IP19/1端子为诊断CAN线。

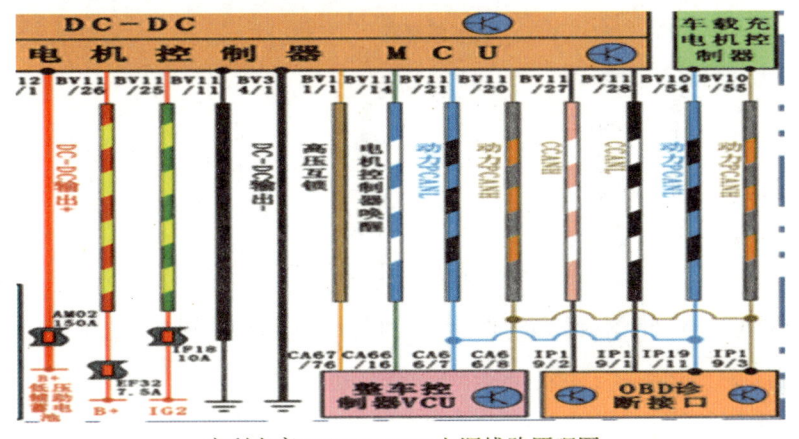

吉利帝豪EV450 MCU电源线路原理图

连接诊断仪，读取VCU故障码如下图所示。

VCU故障码	
U011087	与电机控制器通信丢失
P1C6F04	P挡控制单元三级故障
P1C3E01	ESC失效
P1C3C96	TCS报故障
P1C4296	车速信号警告故障

吉利帝豪 EV450 电机控制器 VCU 故障码

与电机控制器通信丢失，表明故障可能是MCU通信故障、MCU故障或MCU没有工作。

如果IG2故障，则故障码会指向IG2。因此，根据仪表板上的故障现象、VCU故障码和MCU故障码进行分析，可能的故障如下。

（1）电机控制器B+供电故障。

（2）电机控制器通信故障。

（3）电机控制器故障。

吉利帝豪EV450电机控制器电源电路图如下图所示。

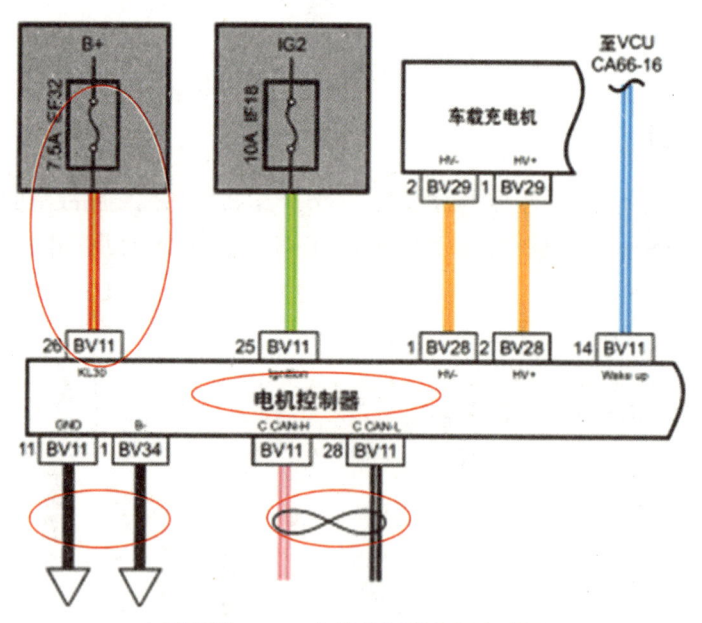

吉利帝豪 EV450 电机控制器电源电路图

下面进行MCU-CAN通信线路的检测。吉利帝豪EV450电机控制器CAN总线电路图如下图所示。

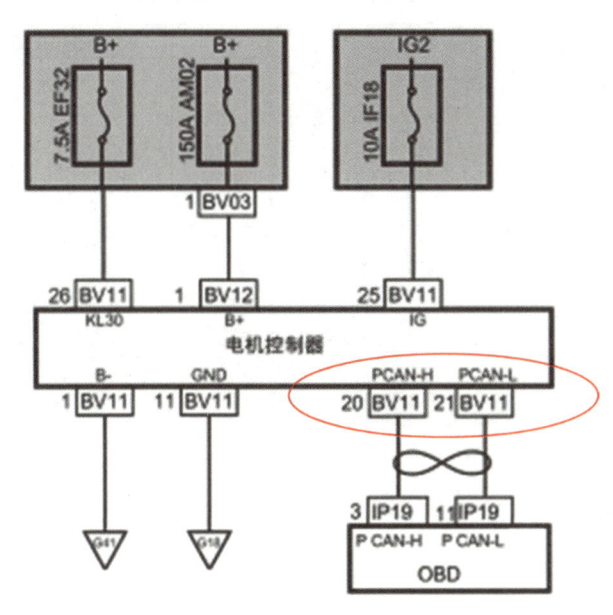

项目七　车辆无法行驶故障诊断与排除

吉利帝豪 EV450 电机控制器 CAN 总线电路图

（1）打开点火开关，调至ON挡。

测量对象：用双踪示波器，背插BV11-21、BV11-20，检测两点的对地波形。

电机控制器标准的CAN波形如下图所示。

CAN-L：1.5～2.5V矩形波。

CAN-H：2.5～3.5V矩形波。

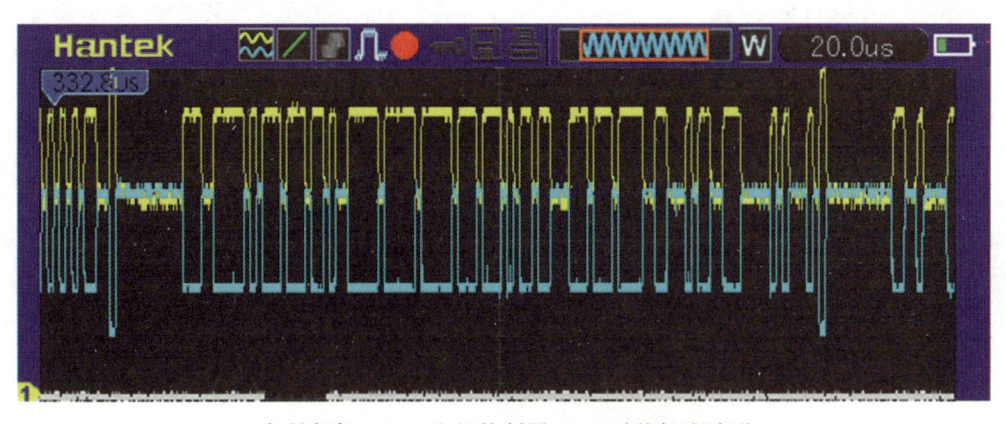

吉利帝豪 EV450 电机控制器 CAN 总线标准波形

吉利帝豪EV450电机控制器CAN总线实测波形如下图所示，CAN-H、CAN-L均出现畸变，初步判断电机控制器的CAN通信线路出现异常。

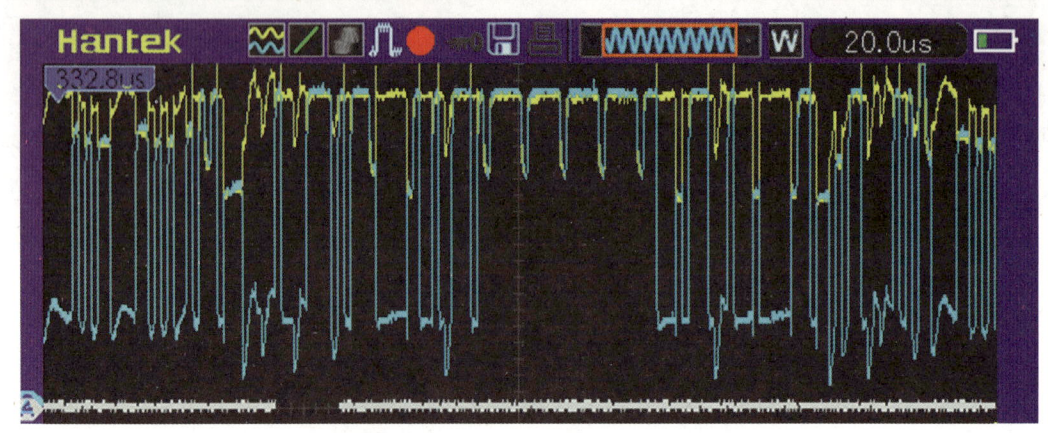

吉利帝豪 EV450 电机控制器 CAN 总线实测波形

吉利帝豪EV450 BMS-MCU CAN线电路图如下图所示。

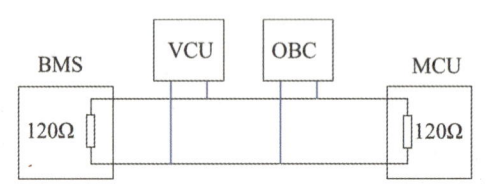

吉利帝豪 EV450 BMS-MCU CAN 线电路图

（2）断开BV11，点火开关置于ON挡。

测量对象：检测BV11-21、BV11-20两点线束侧对地波形，标准波形如下图所示。

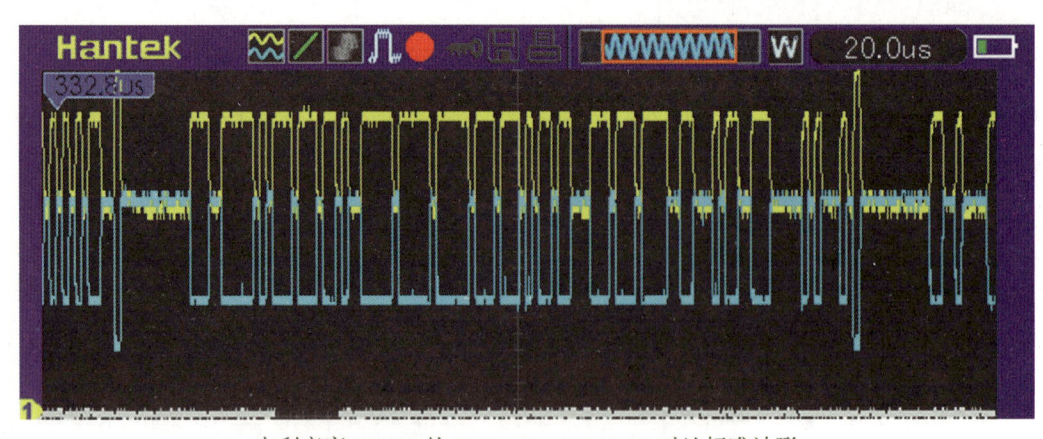

吉利帝豪 EV450 的 BV11-21、BV11-20 对地标准波形

其实测波形如下图所示，CAN-H端能够检测到来自其他部件的信号，说明能够与其他部件通信；CAN-L为一条0V的直线，可以判断CAN-L线路出现断路。

进一步测量电阻进行断路确认，并采取相应的维修手段。

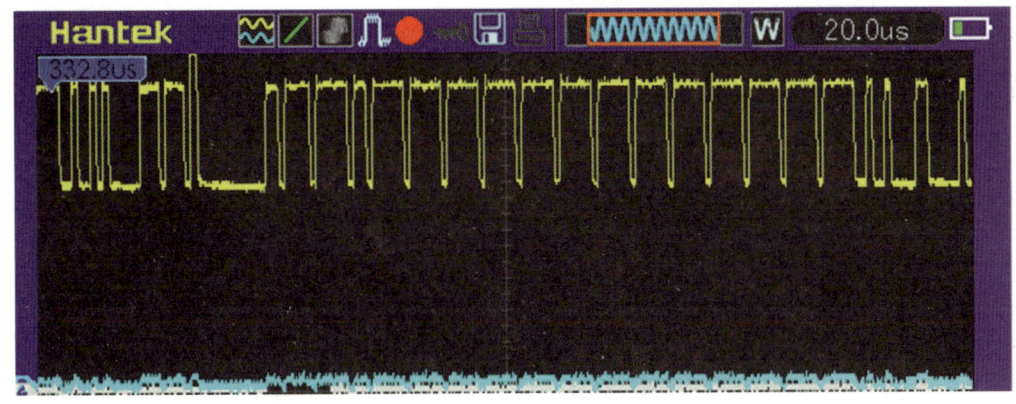

吉利帝豪 EV450 和 BV11-21、BV11-20 对地实测波形

注意：进行修理后，部分故障码需要点火开关先置于OFF挡位置，再置于ON挡位置后，才可使用故障诊断仪清除。

第一步将点火开关置于OFF挡位置。

第二步安装好所有诊断、维修时拆下或更换的部件或连接器。

第三步在拆下或更换部件、模块时，可能还需要重新进行程序设定。

第四步将点火开关置于ON挡位置。车辆仪表板上显示正常，如下图所示。

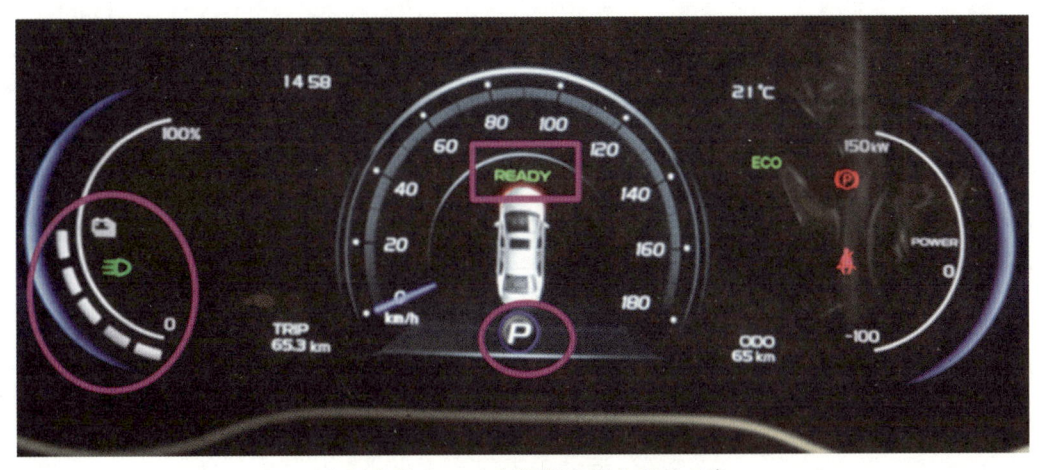

吉利帝豪 EV450 车辆仪表板上显示正常

【学习评价表】

评价内容	配分	序号	具体指标	分值	得分 自评	得分 组评	得分 师评
作业准备	15	1	防护服、安全靴、绝缘手套等安全防护用具的正确穿戴	5			
		2	了解车辆型号、规格	5			
		3	准备好所需的工机具并确保工机具能正常使用	5			
工作安全	25	4	不违章作业	5			
		5	遵守作业程序	5			
		6	无人员受伤或设备损伤	5			
		7	遵守工作制度	5			
		8	发现问题及时报告	5			
工作过程	35	9	分析故障现象	15			
		10	找出故障可能的原因	10			
		11	故障检测与排除	10			
职业素养	25	12	遵守规章制度	5			
		13	作业规范	5			
		14	流程正确	5			
		15	无违章操作	5			
		16	工作效率高	5			
综合得分				100			

项目八 空调系统故障诊断与排除

项目概述

新能源汽车整车空调系统的主要功能除了像传统汽车具有的制冷、制热、通风、除霜4个功能,同时为了保护动力电池、增加动力电池续航能力以及缩短充电时间,整车空调系统还负责动力电池的热管理功能,即充电、运行时的预热和散热。从事新能源汽车维修人员只有了解新能源汽车整车空调系统的结构组成和功能,掌握其工作原理、控制电路及其检测维修方法,才能对新能源汽车整车空调系统的故障进行诊断与排除。

本项目包含了4个基本学习任务,即空调控制器电源电路故障检测、空调控制器 V-CAN 总线故障检测、电池热管理水泵故障检测、加热水泵高速运转故障检测。

通过本项目的学习,你要在知识、技能、行为习惯等方面达到以下相关要求:

序号	学习内容(知识、技能、行为习惯、职业素养)	了解知道	理解掌握	指导下操作	独立操作
1	安全规范的操作				√
2	实训室、学习环境整洁有序				√
3	团队合作学习、积极思考				√
4	工具的正确选择和使用				√
5	熟悉新能源汽车整车空调系统的结构组成		√		
6	掌握新能源汽车整车空调系统的工作原理		√		
7	掌握新能源汽车整车空调系统的故障诊断与排除		√		
8	熟练掌握检测仪器、仪表的使用方法				√
9	熟练掌握维修手册和电路图的查阅				√

8.1 比亚迪秦EV空调控制器电源电路故障检测

【学习目标】

✹ 知识目标

1. 知道新能源汽车空调控制器电源电路。
2. 知道新能源汽车空调控制器电源电路的检测方法。

✹ 能力目标

1. 会查阅维修手册和分析新能源汽车空调控制器电源电路。
2. 能正确地使用检测设备仪器进行检测。

✹ 素质目标

1. 强化学生的动手能力，提高学生的专业基本技能，掌握相关专业技术知识，以达到零距离上岗的目的。
2. 让学生养成乐于合作、积极向上的意志品质。

【知识链接】

一、故障现象描述

踩下制动踏板并保持，打开点火开关，车辆高压正常上电；5s内仪表板右上角的外界温度信号无显示；按压空调控制面板上的"AUTO"按键，空调控制面板上的"AUTO"按键指示灯不能正常点亮，显示屏幕无法点亮；此时旋转或按压旋钮及按键，空调控制面板无任何反应，空调所有功能均无法启动。吉利帝豪EV450空调控制面板如下图所示。

吉利帝豪 EV450 空调控制面板

二、空调控制器电源电路分析

通过分析吉利帝豪EV450空调控制器电源电路图可知，电源由两路组成，一路为B+，另一路为IG1电源，如下图所示。

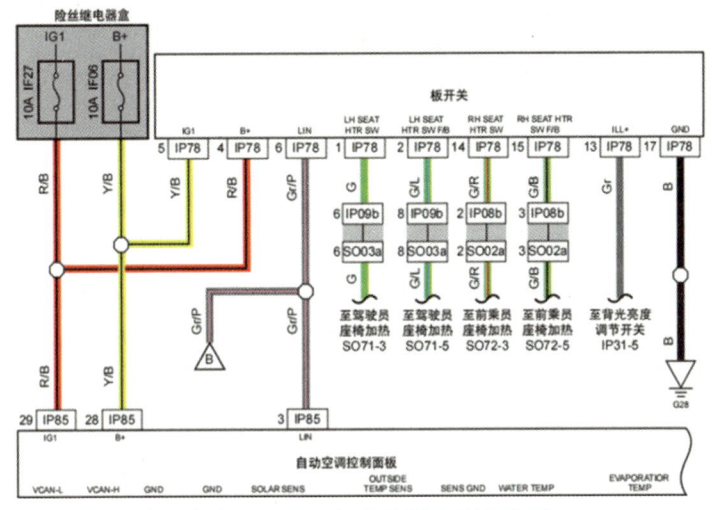

吉利帝豪 EV450 空调控制器电源电路图

（1）B+电源也称为常火电源，主要为控制器提供不间歇电源，防止单元内部存储的临时性数据及信号丢失，同时也作为单元工作电源之一，保证空调系统和其他系统的V-CAN、LIN总线通信正常，并在车辆充电过程中保证整车热管理正常启动工作。如果此电源出现异常，则将导致空调控制面板不能启动工作，车辆空调系统的所有功能丧失。

（2）IG1电源也称为点火电源，即此电源受点火开关状态控制。如果IG1电源出现异常，则将导致空调控制面板不能启动工作，车辆空调系统的所有功能丧失。

三、故障原因分析

根据故障现象并结合电路原理图可知，可能的故障原因如下。
（1）空调控制器B+电源及电路断路。
（2）空调控制器B+电源及电路虚接。
（3）空调控制器B+电源及电路短路。
（4）空调控制器接地电路故障。
（5）空调控制器IG1电源及电路断路。
（6）空调控制器IG1电源及电路虚接。
（7）空调控制器IG1电源及电路短路。
（8）空调控制器自身故障。

四、检测过程

第一步：读取故障代码（DTC）。
踩下制动踏板，打开点火开关，通过使用诊断仪器访问空调控制器，发现与空调控制器未连接成功。

访问VCU，读取故障代码：U016487，与空调控制器丢失通信。

第二步：故障代码（DTC）分析。

读取并确认故障代码后，结合空调控制器电源电路原理，需对故障代码设置和产生的条件进行分析。

在打开点火开关、整车系统低压上电时，VCU和空调控制器之间需要发送握手协议以及蓄电池电量、整车状态等信号。如果打开点火开关后一定时间内VCU没有接收到这些信号，则VCU就确认与空调控制器通信失败，存储此故障代码。

结合故障现象和故障代码，说明空调控制器没有启动工作及V-CAN总线出现异常。

可能的故障原因有以下4种。

（1）空调控制器B+电源电路断路、虚接、短路故障。

（2）空调控制器IG1电源电路断路、虚接、短路故障。

（3）空调控制器接地电路故障。

（4）空调控制器自身故障。

第三步：电路测试。

（1）检测空调控制器IG1供电电压。

踩下制动踏板，打开点火开关，用万用表检测IP85/29端子对地电压，应为"B+"，实测值为13.4V，测试结果说明空调控制器IG1供电电路及电压正常。

（2）检测空调控制器B+供电电压。

用万用表检测IP85/28端子对地电压，应为"B+"，实测值为0V，测试结果说明空调控制器的B+电源供电异常。

（3）检测IF06两端电压。

用万用表检测IF06两端的对地电压，应为"B+"，实测值一端为0V，另一端为13.4V，测试结果说明IF06两端的对地电压异常，需进一步检测IF06。

（4）检测IF06。

拔下IF06，用万用表检测IF06电阻，应为小于1Ω，实测值为无穷大，测试结果说明IF06损坏。

第四步：验证。

查阅维修手册，IF06规格为10A。

更换IF06。

删除故障代码。

空调系统运行正常。

故障排除。

五、机理分析

第一，IF06是空调控制器与空调面板公用保险丝。

第二，IF06自身损坏，无法给空调控制器与空调面板供电，空调控制器不工作，导致该故障现象。

【实训操作】

一、实训准备

1. 工作场景：实训车间。
2. 工作器材：新能源汽车、维修手册、汽车诊断仪、高压安全防护用具、工具车。

二、实训内容

1. 正确使用安全防护用具。
2. 正确查阅维修手册及电路图。
3. 在实训车辆上安全规范地进行检测诊断。
4. 排除车辆故障。
5. 书写实训报告。

【学习评价表】

评价内容	配分	序号	具体指标	分值	得分（自评）	得分（组评）	得分（师评）
作业准备	15	1	防护服、绝缘手套等安全防护用具正确的穿戴和安装	5			
		2	了解新能源汽车空调控制器电源电路原理	5			
		3	准备好所需的工具、仪器并确保能正常使用	5			
工作安全	25	4	不违章作业	5			
		5	遵守作业程序	5			
		6	无人员受伤或设备损伤	5			
		7	遵守工作制度	5			
		8	发现问题及时报告	5			
工作过程	35	9	正确使用安全防护用具	5			
		10	能够规范正确地使用汽车诊断仪、万用表	5			
		11	会查阅维修手册和电路图	5			
		12	会分析检测结果	5			
		13	会书写诊断报告	15			
职业素养	25	14	遵守规章制度	5			
		15	作业规范	5			
		16	流程正确	5			
		17	结果分析正确	5			
		18	工作效率高	5			
综合得分				100			

8.2 空调控制器 V-CAN 总线故障检测

【学习目标】

知识目标

1. 知道新能源汽车空调控制器V-CAN总线原理图。
2. 知道新能源汽车空调控制器V-CAN总线电路的检测方法。

能力目标

1. 会查阅维修手册，绘制和分析汽车空调控制器V-CAN总线原理。
2. 能正确地使用检测设备仪器进行检测。

素质目标

1. 培养学生吃苦耐劳的精神，锻炼学生承受挫折的心理素质，以利于良好职业道德的养成。
2. 培育学生综合运用科学知识化解实际问题的能力。

【知识链接】

一、故障现象描述

按压空调控制面板上的AC开关，空调控制面板正常点亮，鼓风机正常运转；此时用手背感觉出风口温度，发现出风口温度没有变化；同时也没有听见前机舱冷却风扇发出运转声音；打开前机舱盖，发现冷却风扇不运转；用手触摸空调低压管，低压管温度没有变化，用手触摸空调压缩机外壳，发现压缩机没有振动的感觉，空调压缩机没有启动。

二、空调控制器 V-CAN 总线原理

吉利帝豪EV450总线原理图如下图所示。

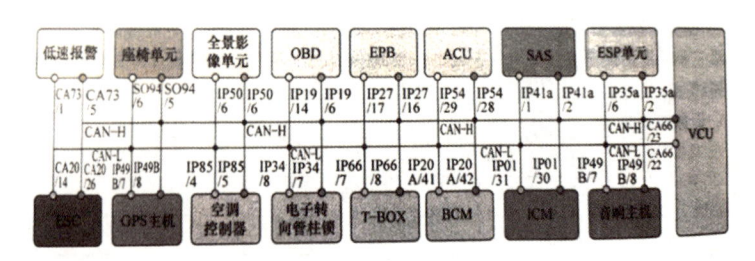

吉利帝豪 EV450 总线原理图

原理分析

在V-CAN总线上有如下的一些控制信号：遥控防盗信号、点火电源控制、车辆驱动信号、整车热管理信号、倒车影像信号、距离信号、气囊数据信号、玻璃升降器控制信号、远程监控数据信号、行驶状态信号、故障等级信号。

空调控制器主要接收由VCU发送的整车热管理信号并执行，将执行的结果及热管理状态、空调制冷、空调制热信号发送至VCU。

三、故障原因分析

第一步：读取故障码。

连接诊断仪器至OBD诊断接口，使用诊断仪器与空调控制器进行通信，显示未连接成功；使用诊断仪器与VCU连接，在VCU内部读取到故障代码为U016487，与空调控制器丢失通信。

第二步：故障代码分析。

VCU在打开点火开关或慢充电时被激活，通过V-CAN发送握手信号至空调控制器，如果在一定时间内没有接收到空调控制反馈的信号，VCU则确认与空调控制器通信异常，存储此故障代码。

可能的故障原因有以下几种。

空调控制器V-CAN总线断路、空调控制器V-CAN总线短路、空调控制器V-CAN总线虚接、空调控制器电源故障、空调控制器接地故障、空调控制器自身故障。

四、故障检测

1. 检测空调控制器 IG1 供电电压

踩下制动踏板，打开点火开关，用万用表检测IP85/29端子对地电压，应为"B+"，实测值为13.4V，测试结果说明空调控制器IG供电电路及电压正常。

2. 检测空调控制器 B+供电电压

踩下制动踏板，打开点火开关，用万用表检测IP85/28端子对地电压，应为"B+"，实测值为13.4V，测试结果说明空调控制器的B+电源供电正常。

3. 检测空调控制器 CAN 总线波形

用示波器检测IP85/4、IP85/5端子对地波形，如下图所示。

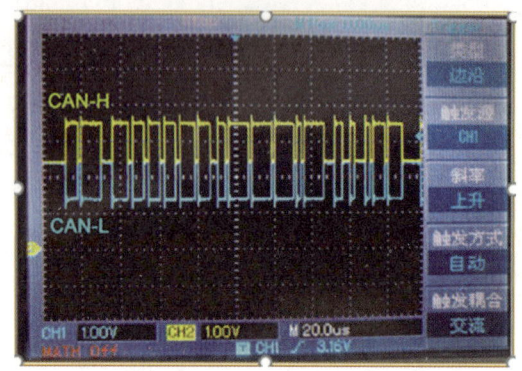

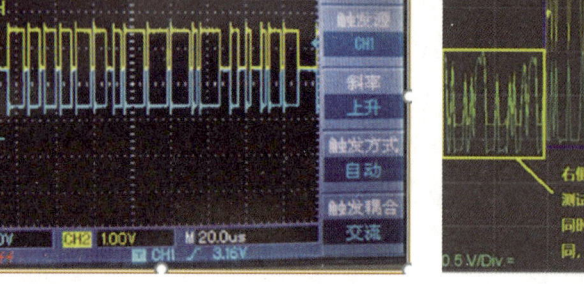

吉利帝豪EV450 CAN总线标准波形 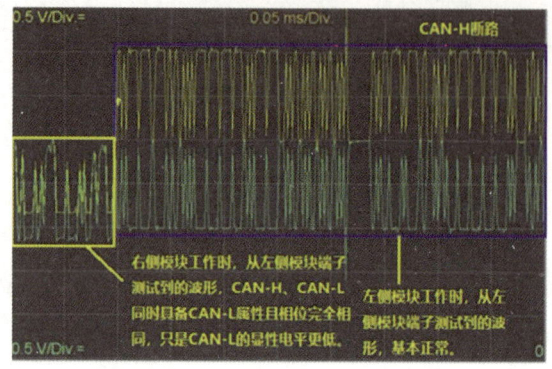　　　　吉利帝豪EV450 CAN总线实测波形

根据检测的波形分析，说明CAN-H电路断路，检查修复。

诊断结论的验证方法如下。

（1）将点火开关置于OFF（关闭）挡位置。

（2）安装所有诊断时拆下或更换的部件及插接器。

（3）将点火开关置于ON（打开）挡位置。

（4）清除DTC。

（5）关闭点火开关60s。

（6）踩下制动踏板，打开点火开关，车辆仪表板显示正常，切换至D挡或R挡进行试车，车辆运行正常，维修结束。

五、机理分析

车外温度信号、热管理信号、空调制热信号、制冷信号及接收VCU发送的热管理控制、空调制热、制冷启动信息均无法传输。

VCU、MCU、BMS等无法获知热管理控制单元状态，导致VCU、MCU、BMS等对车辆进行热保护。

【实训操作】

一、实训准备

1. 工作场景：实训车间。
2. 工作器材：新能源汽车、维修手册、汽车诊断仪、高压安全防护用具、工具车。

二、实训内容

1. 正确使用安全防护用具。

2. 正确查阅维修手册及电路图。
3. 在实训车辆上安全规范地进行检测诊断。
4. 排除车辆故障。
5. 书写实训报告。

【学习评价表】

评价内容	配分	序号	具体指标	分值	得分 自评	组评	师评
作业准备	15	1	防护服、绝缘手套等安全防护用具的正确穿戴和安装	5			
		2	了解新能源汽车空调控制器 V-CAN 总线原理	5			
		3	准备好所需的工具、仪器并确保能正常使用	5			
工作安全	25	4	不违章作业	5			
		5	遵守作业程序	5			
		6	无人员受伤或设备损伤	5			
		7	遵守工作制度	5			
		8	发现问题及时报告	5			
工作过程	35	9	正确使用安全防护用具	5			
		10	能够规范正确地使用汽车诊断仪、示波器、万用表	5			
		11	会查阅维修手册和电路图	5			
		12	会分析检测结果	5			
		13	会书写诊断报告	15			
职业素养	25	14	遵守规章制度	5			
		15	作业规范	5			
		16	流程正确	5			
		17	结果分析正确	5			
		18	工作效率高	5			
综合得分				100			

8.3 电池热管理水泵故障检测

【学习目标】

知识目标

1. 知道新能源汽车热管理系统电路原理。
2. 知道新能源汽车热管理继电器电路的检测方法。

✽ 能力目标

1. 查阅维修手册，绘制和分析热管理系统电路。
2. 能正确地使用检测设备仪器进行检测。

✽ 素质目标

1. 培养具有高素质技术工作者所必须具备的新能源汽车维修的基本知识和技能。
2. 培育学生的安全生产意识。

【知识链接】

一、故障现象描述

打开点火开关，踩下制动踏板，仪表板上READY指示灯正常点亮，仪表板显示正常；按压空调控制面板上的AC开关，空调控制面板正常点亮启动，鼓风机正常运转；2min后用手背感觉出风口温度时，发现出风口温度没有变化；调节鼓风机转速，空调控制面板鼓风机调速显示正常，且鼓风机转速变化也正常；用手触摸空调压缩机外壳，发现压缩机没有振动的感觉，空调压缩机没有启动。

故障现象描述如下：

（1）再次按压空调控制面板上的HEAT开关，鼓风机正常运转。
（2）2min后用手背感觉出风口温度时，发现出风口温度没有变化。
（3）打开前机舱盖，发现加热水泵（暖风）没有发出正常的运转声。
（4）用手触摸PTC加热器管路，管路温度没有上升，PTC加热器没有启动加热功能。

二、热管理继电器电路原理

吉利帝豪EV450热管理继电器原理图如下图所示。

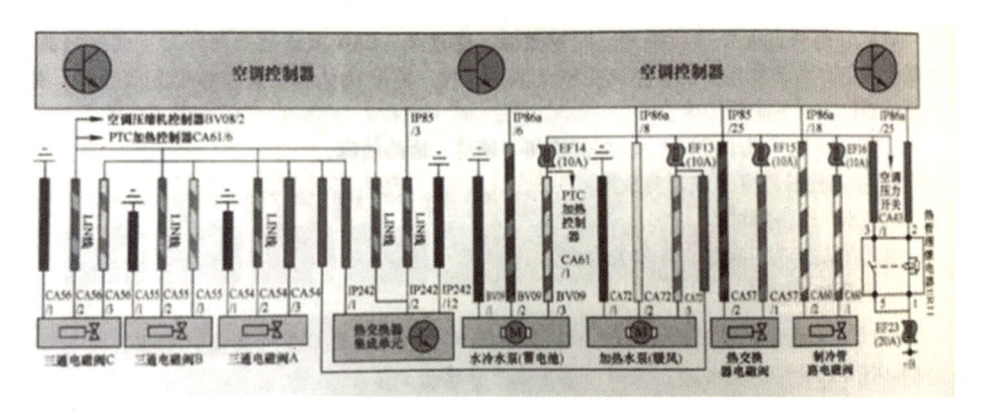

吉利帝豪 EV450 热管理继电器原理图

原理分析

热管理继电器包括空调压力开关、制冷管路电磁阀、热交换器电磁阀、加热水泵（暖风）、水冷水泵（蓄电池）。

在空调控制器启动制冷、制热以及整车热管理功能之前，要控制热管理继电器工作。

热交换器集成单元、三通电磁阀A/B/C、PTC加热器提供电源。

热管理继电器不工作或工作后输出异常，导致空调制冷、制热及整车热管理功能失效。

三、故障原因分析

故障现象分析1

由于打开点火开关，车辆上电正常，说明整车高压控制中的BMS、DC-DC转换器、MCU、VCU、OBC自检正常，即单元电源、通信、高压互锁、绝缘、动力电池电量、电流、电压、温度等信号正常。

故障现象分析2

按压AC按键或HEAT开关，发现制冷、制热功能均失效，结合此两个功能下系统重叠的部分，即公用电源，可确定为热管理继电器电源、控制或自身故障。

第一步：读取故障码。

连接诊断仪器至OBD诊断接口，使用诊断仪器与空调控制器进行通信，在空调控制器内部读取到故障代码：U111F87，与PTC通信丢失；U111C87，与WV1（三通电磁阀A）通信丢失；U111D87，与WV2（三通电磁阀B）通信丢失；U111E87，与WV3（三通电磁阀C）通信丢失。

第二步：故障代码分析。

空调控制器与PTC加热器、WV1（三通电磁阀A）、WV2（三通电磁阀B）、WV3（三通电磁阀C）4个单元同时失去通信，而4个单元自身、单元搭铁电路同时出现故障的概率很低，只有4个单元公用的LIN总线或供电电路出现故障，才会造成这些故障现象，加之水泵也没有运转。

造成故障的原因可能有以下几点。

热管理继电器电源电路断路、热管理继电器电源电路虚接、热管理继电器故障、空调控制器局部故障。

四、故障检测

1. 检测热管理继电器供电电压

踩下制动踏板，打开点火开关，用万用表检测继电器1#、5#端子对地电压，应为"B+"，实测值为13.4V，测试结果说明热管理继电器供电电路及电压正常。

2. 检测热管理继电器控制电路电压

踩下制动踏板，打开点火开关，用万用表检测继电器2#端子对地电压，应为"B+～0V"，实测值为13.4V不变，测试结果说明热管理继电器控制电路电压异常。

3. 检测空调控制器 IP86a/25 信号电压

踩下制动踏板，打开点火开关，用万用表检测IP86a/25端子对地电压，应为"B+～0V"，实测值为2.4～0V，测试结果说明空调控制器IP86a/25端子信号正常，可能是继电器2#端子至空调控制器IP86a/25端子之间的电路存在故障。

4. 检测继电器控制电路电阻

关闭点火开关，断开蓄电池负极，拔下热管理继电器，断开空调控制器插接器，用万用表测量继电器2#端子至空调控制器IP86a/25端子之间的电路电阻值，应为<1Ω，实测值为无穷大。

结论：继电器2#端子至空调控制器IP86a/25端子之间的电路断路。

诊断结论的验证方法如下。

（1）将点火开关置于OFF（关闭）挡位置。

（2）安装所有诊断时拆下或更换的部件及插接器。

（3）将点火开关置于ON（打开）挡位置。

（4）清除DTC。

（5）关闭点火开关60s。

（6）车辆仪表板显示正常，切换至D挡或R挡进行试车，车辆运行正常。确认空调系统在各模式下均工作正常，维修结束。

五、机理分析

空调控制系统热管理继电器自身、线圈控制、供电电路异常，将无法正常为下游电路提供工作电压，导致空调压力开关、制冷管路电磁阀、热交换器电磁阀、加热水泵（暖风）、三通电磁阀A、三通电磁阀B、三通电磁阀C、热交换器集成单元、水冷水架（蓄电池）、PTC加热器无法正常工作。

【实训操作】

一、实训准备

1. 工作场景：实训车间。
2. 工作器材：新能源汽车、维修手册、汽车诊断仪、高压安全防护用具、工具车。

二、实训内容

1. 正确使用安全防护用具。
2. 正确查阅维修手册及电路图。
3. 在实训车辆上安全规范地进行检测诊断。
4. 排除车辆故障。
5. 书写实训报告。

【学习评价表】

评价内容	配分	序号	具体指标	分值	得分（自评）	得分（组评）	得分（师评）
作业准备	15	1	防护服、绝缘手套等安全防护用具的正确穿戴和安装	5			
		2	了解新能源汽车热管理系统电路原理	5			
		3	准备好所需的工具、仪器并确保能正常使用	5			
工作安全	25	4	不违章作业	5			
		5	遵守作业程序	5			
		6	无人员受伤或设备损伤	5			
		7	遵守工作制度	5			
		8	发现问题及时报告	5			
工作过程	35	9	正确使用安全防护用具	5			
		10	能够规范正确地使用汽车诊断仪、万用表	5			
		11	会查阅维修手册和电路图	5			
		12	会分析检测结果	5			
		13	会书写诊断报告	15			
职业素养	25	14	遵守规章制度	5			
		15	作业规范	5			
		16	流程正确	5			
		17	结果分析正确	5			
		18	工作效率高	5			
综合得分				100			

8.4　加热水泵高速运转故障检测

【学习目标】

❊ 知识目标

1. 知道新能源汽车加热水泵（暖风）电路控制原理。
2. 知道新能源汽车加热水泵（暖风）电路的检测方法。

❊ 能力目标

1. 会查阅维修手册，绘制和分析加热水泵（暖风）电路。
2. 能正确地使用检测设备仪器进行检测。

❊ 素质目标

1. 激发和培养学生的学习兴趣，帮助学生树立自信心，养成良好的学习习惯。
2. 具有耐心细致的工作作风和严肃认真的工作态度。

【知识链接】

一、故障现象描述

开启空调制热功能，使空调运行1～2min，用手背感觉出风口温度和风量时，出风口吹出热风的温度、风量正常；调节温度旋钮，温度翻板转动，出风口热风和凉风切换正常；但此时在驾驶室内听见前机舱有"嗡嗡"的声音，打开前机舱盖，声音更加明显，仔细观察及细听后发现为加热水泵（暖风）异响；用手触摸加热水泵（暖风），发现它始终处于高速运转。

二、加热水泵电路控制原理

加热水泵电路控制原理主要有以下3种。
（1）B+电源通过EF13 熔丝至加热水泵（暖风）CA72/3端子间电路为水泵提供电源。
（2）通过加热水泵（暖风）CA72/1端子搭铁构成回路。
（3）空调控制器通过PWM占空比信号控制水泵的转速。
吉利帝豪EV450加热水泵电路控制原理图如下图所示。

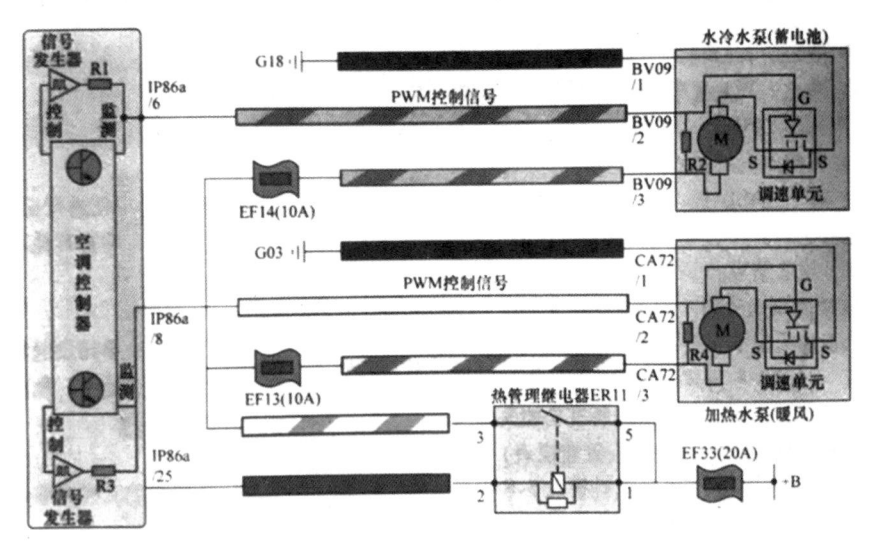

吉利帝豪 EV450 加热水泵电路控制原理图

原理分析

如果继电器自身、供电及控制电路出现故障，则会导致加热水泵（暖风）无法获得运转电源，水泵不能运转。

如果PWM控制信号出现异常，则将导致水泵单元内部功率晶体管控制端处于高电位。

当车辆充电时，若动力蓄电池内部温度低于充电时设定的最低温度值，则可能导致整车充电时间延长；功率晶体管保持完全接通状态，致使水泵一直处于高速运转。

三、故障原因分析

结合水泵控制原理，空调制热功能正常且水泵能运转，只是转速过高，说明水泵供电电源正常，故障有可能为水泵控制及水泵内部。故障现象有以下3种。

现象一：PWM控制信号异常。

现象二：加热水泵内部故障。

现象三：空调器局部故障。

第一步：读取故障码。

连接诊断仪器至OBD诊断接口，使用诊断仪器与空调控制器进行通信，在空调控制器内部读取到故障代码为B119113，电加热水泵断路。

第二步：故障代码分析。

结合故障代码，说明空调控制器与加热水泵之间通信电路出现断路故障，可能的原因有加热水泵（暖风）与空调控制器间电路（断路、虚接、短路）故障。

故障原因有以下4种。

（1）加热水泵（暖风）与空调控制器间电路断路。

（2）加热水泵（暖风）与空调控制器间电路短路。

（3）加热水泵（暖风）与空调控制器间电路虚接。

（4）加热水泵（暖风）自身故障、空调控制器局部故障。

四、故障检测

1. 检测加热水泵 CA72/2 端子对地波形

打开点火开关，制热功能开启，用示波器检测加热水泵CA72/2端子对地波形，如下图所示。

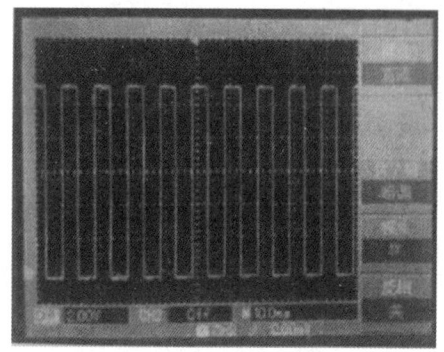

吉利帝豪 EV450 加热水泵 CA72/2　　　　吉利帝豪 EV450 加热水泵 CA72/2
端子对地标准波形　　　　　　　　　　　端子对地实测波形

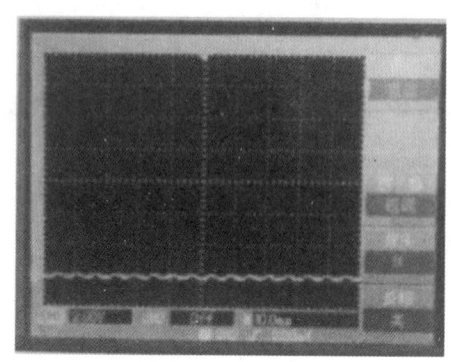

根据测试结果，发现加热水泵CA72/2端子对地波形一直为"0"，说明CA72/2端子到空调控制器电路断路或对地短路。

2. 检测空调控制器 IP86a/8 端子对地波形

打开点火开关，制热功能开启，用示波器检测空调控制器IP86a/8端子对地波形，如下图所示。

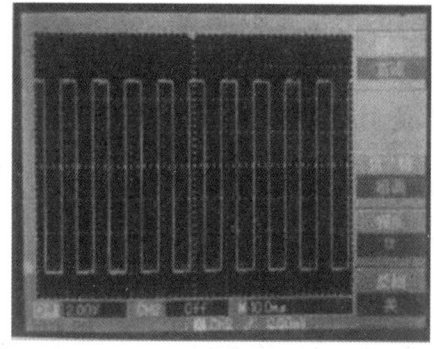

吉利帝豪 EV450 空调控制器 IP86a/8　　　吉利帝豪 EV450 空调控制器 IP86a/8
端子对地标准波形　　　　　　　　　　　端子对地实测波形

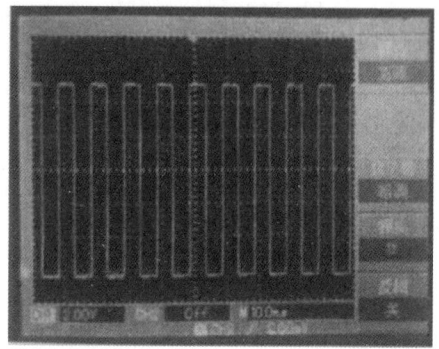

实测波形与标准波形一致，正常，可能是空调控制器IP86a/8端子至加热水泵（暖风）CA72/2端子之间的电路存在故障。

3. 检测空调控制器 IP86a/8 端子和加热水泵 CA72/2 端子之间的电阻

断开空调压缩机控制器连接器，断开加热水泵插接器，用万用表测量空调控制器 IP86a/8端子和加热水泵CA72/2端子之间的电阻，应为 <1Ω，实测值为无穷大。

结论：空调控制器IP86a/8端子和加热水泵CA72/2端子之间的电路断路。建议修复。

4. 诊断结论的验证方法

（1）将点火开关置于OFF（关闭）挡位置。

（2）安装所有诊断时拆下或更换的部件及插接器。

（3）将点火开关置于ON（打开）挡位置。

（4）清除DTC。

（5）关闭点火开关60s。

（6）踩下制动踏板，打开点火开关，车辆仪表板显示正常，切换至D挡或R挡进行试车，车辆运行正常。操作空调控制面板，切换不同模式，确认空调系统在各模式下均工作正常，维修结束。

五、机理分析

空调控制器通过向加热水泵（暖风）发送PWM占空比信号来调节其转速。由于空调控制器IP86a/8端子和加热水泵CA72/2端子之间的电路断路，加热水泵（暖风）接收不到PWM占空比信号或信号异常，为了保证其水泵功能，加热水泵（暖风）以最高转速运行。

【实训操作】

一、实训准备

1. 工作场景：实训车间。
2. 工作器材：新能源汽车、维修手册、汽车诊断仪、高压安全防护用具、工具车。

二、实训内容

1. 正确使用安全防护用具。
2. 正确查阅维修手册及电路图。
3. 在实训车辆上安全规范地进行检测诊断。
4. 排除车辆故障。
5. 书写实训报告。

【学习评价表】

评价内容	配分	序号	具体指标	分值	得分 自评	得分 组评	得分 师评
作业准备	15	1	防护服、绝缘手套等安全防护用具的正确穿戴和安装	5			
		2	了解新能源汽车加热水泵（暖风）电路控制原理	5			
		3	准备好所需的工具、仪器并确保能正常使用	5			
工作安全	25	4	不违章作业	5			
		5	遵守作业程序	5			
		6	无人员受伤或设备损伤	5			
		7	遵守工作制度	5			
		8	发现问题及时报告	5			
工作过程	35	9	正确使用安全防护用具	5			
		10	能够规范正确地使用汽车诊断仪、示波器、万用表	5			
		11	会查阅维修手册和电路图	5			
		12	会分析检测结果	5			
		13	会书写诊断报告	15			
职业素养	25	14	遵守规章制度	5			
		15	作业规范	5			
		16	流程正确	5			
		17	结果分析正确	5			
		18	工作效率高	5			
综合得分				100			

参 考 文 献

[1] 姜丽娟. 新能源汽车故障诊断 [M]. 北京：机械工业出版社，2020.
[2] 弋国鹏. 电动汽车构造原理及检修 [M]. 北京：机械工业出版社，2018.
[3] 李元群. 新能源汽车维护 [M]. 北京：机械工业出版社，2021.
[4] 比亚迪秦 EV 汽车维修手册.
[5] 吉利 EV450 汽车维修手册.
[6] 全国职业院校技能大赛高职组"汽车故障维修"赛项赛事规程，2023.

反侵权盗版声明

电子工业出版社依法对本作品享有专有出版权。任何未经权利人书面许可，复制、销售或通过信息网络传播本作品的行为；歪曲、篡改、剽窃本作品的行为，均违反《中华人民共和国著作权法》，其行为人应承担相应的民事责任和行政责任，构成犯罪的，将被依法追究刑事责任。

为了维护市场秩序，保护权利人的合法权益，我社将依法查处和打击侵权盗版的单位和个人。欢迎社会各界人士积极举报侵权盗版行为，本社将奖励举报有功人员，并保证举报人的信息不被泄露。

举报电话：（010）88254396；（010）88258888

传　　真：（010）88254397

E-mail：　dbqq@phei.com.cn

通信地址：北京市万寿路南口金家村288号华信大厦

　　　　　电子工业出版社总编办公室

邮　　编：100036